Die Rückkehr nach Hause

Kolophon

Die Rückkehr nach Hause, *Ein Reiseführer für die Seele*

glückselig.nl

Erste Ausgabe: Juni 2017

Zweite Ausgabe: Januar 2021

Dritte Ausgabe: Marsch 2023

Vierte Ausgabe: Januar 2024

Gestaltung: Jo-Ann Snel

Übersetzung: Inge Privée, Anelan Grigorieff

Korrektorat: Alke Fölsche

Verlag: ZielsGelukkig

ISBN: 97894-6328-158-4

NUR: 720, Esoterik

Die Rückkehr nach Hause

Ein Reiseführer für die Seele

Marie-Claire van der Bruggen

Die meisten Menschen
kommen weinend zur Welt,
aber gehen mit einem
Lächeln wieder hinaus.

Inhalt

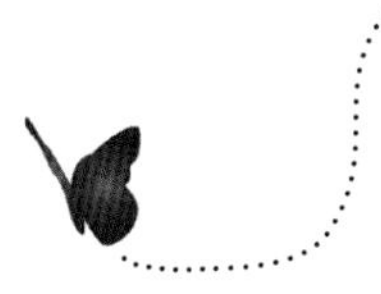

Vorwort

Liebe Leser,

Als Kind war ich mir schon einer Welt bewusst, die andere anscheinend nicht wahrnehmen konnten und in der ich mich außerordentlich wohlfühlte. Hier auf Erden fühlte ich mich nicht wirklich zuhause und hatte oft eine seltsame Art von Heimweh nach etwas, das ich nicht gut in Worte fassen konnte. Auch fühlte ich schon immer eine bestimmte Faszination für das Sterben und den Tod. Während des Sterbeprozesses meines Vaters 2002 und auch nach seinem Tode habe ich mit ihm einige besondere Erfahrungen teilen dürfen. Dies hat mich damals veranlasst, eine zweijährige Ausbildung zur Sterbebegleitung beim Niederländischen Institut für Ausbildung in Sterbebegleitung (NIS) zu absolvieren. Ich habe hier sehr viel gelernt und in Kombination mit all dem, woran ich mich noch erinnere und den Informationen, die ich von meinem geistigen Führer Charion erhalten habe, habe ich eine bestimmte Sichtweise auf das Sterben und den Tod entwickelt. Hierüber habe ich bereits drei Bücher geschrieben: *Das Märchen vom Tod, GlückSelig* und

Licht und Liebe. Ich habe ein paar Jahre in einem Hospiz und in einem Kinderhospiz gearbeitet und eine Zeitlang Erfahrungen in einem Bestattungsinstitut gesammelt. Im Moment gebe ich noch manchmal individuelle Sterbebegleitung an Menschen in ihrer häuslichen Umgebung. Vor einigen Jahren habe ich auch damit begonnen, den Tagesworkshop *Spirituelle Sterbebegleitung* anzubieten.

Mir ist aufgefallen, dass sich die meisten Menschen nicht wirklich bewusst mit dem Tod beschäftigen. Es ist oft noch immer ein großes Tabu. Die Geburt eines Kindes wird meist ausgiebig gefeiert, auch wenn Geburten mit Schmerzen einhergehen. Allem, was mit Geburt zu tun hat, wird in unserer Gesellschaft viel Aufmerksamkeit geschenkt. Das ist einleuchtend, auch wenn es oft mit Schmerzen einhergeht und nicht immer alles reibungslos abläuft, bleibt es ein freudiges und schönes Ereignis. Aber mit dem Ende des Lebens wollen wir Menschen oft, nicht zu viel zu tun haben. So kommt es, dass Menschen, wenn es soweit ist, leider ganz und gar nicht vorbereitet sind auf das, was sie erwartet. Je mehr Bewusstsein jemand für das Wie und Warum des Lebens und des Todes hat, desto weniger Angst und Unsicherheit wird beim Sterben da sein. Die Angst vor dem Tod ist leider etwas, was bei den meisten Menschen noch immer sehr stark vorhanden ist. Ich weiß aus eigener Erfahrung, dass das wirklich nicht notwendig ist und deswegen möchte ich auch sehr gerne möglichst vielen Menschen diese Angst nehmen.

Dieses Buch habe ich geschrieben, weil ich während meiner Workshops, Vorträge und aus den vielen Mails, die ich täglich erhalte, erkannte, dass es doch noch viele Fragen rund um dieses

Thema gibt. Viele Antworten auf diese Fragen sind in meinen anderen Büchern zu finden, aber viele auch nicht. In diesem Buch werde ich deshalb ein paar Dinge aus meinen früheren Büchern wiederholen und noch tiefer darauf eingehen. Auch werden Sie hier neue Informationen finden, die ich vorher noch nicht geteilt habe.

Aber wie kann ich dies alles nun eigentlich „wissen"? Jeder hat Jugenderinnerungen. Ich natürlich auch, aber meine reichen noch ein ganzes Stück weiter zurück, und diese möchte ich hier gerne mit Ihnen teilen. Ich kann mich nämlich noch glasklar an das Sterben während meines vorigen Lebens, die Heimkehr nach Hause (wie ich das nenne), meinen Aufenthalt dort, die Entscheidung für dieses Leben, das Eintreten in diesen Körper und das Geborenwerden erinnern. Wir sind nicht unser Körper, sondern eine Seele in einem Körper. Er ist sozusagen unser wunderbares Fortbewegungsmittel hier auf Erden, mit dem wir all unsere irdischen Erfahrungen machen können, die wir als Seele erleben wollen. Durch diese Erinnerungen und allerhand anderer besonderer Erfahrungen, weiß ich, dass der Tod nicht wirklich besteht. Er ist eigentlich der Übergang in eine andere Dimension. Du gehst gewissermaßen wieder an den Ort zurück, wo Du eigentlich herkommst. Es ist nichts anderes als die Rückkehr nach Hause.

Dies ist eine superschöne Erfahrung, die ich wieder und wieder erleben durfte und die ich jedem wünsche. Denn, wenn Du als Mensch dieses Gefühl auch nur ein paar Sekunden erfahren könntest, dann würde wirklich niemand mehr Angst vor dem Tod haben müssen. Und selbstverständlich ist es unheimlich

traurig für diejenigen, die zurück bleiben, wenn jemand nicht mehr körperlich da ist, aber er oder sie ist wohl noch auf einer anderen Ebene da und wenn Du Dich dafür ein wenig öffnest, kannst Du dies sicher auch fühlen und vielleicht sogar sehen. Liebe währt ewig und wird uns für immer verbinden. Liebe endet nicht mit dem Tod!

Die Rückkehr nach Hause ist eigentlich mit Worten, nicht zu beschreiben. In diesem Buch bemühe ich mich, es für unser menschliches Gehirn etwas begreiflicher zu machen. Es ist dennoch keine genaue Beschreibung dessen, wie diese Reise für Dich verlaufen wird. Das ist für jede Seele wieder anders. Es ist nur in groben Zügen gleich. Ich habe es so beschrieben, wie ich mich daran erinnere und so, wie es mir meine geistigen Führer erzählt und gezeigt haben. Fühle deshalb sehr gut, was die Information in diesem Buch mit Dir macht. Das Gefühl ist nämlich die Sprache der Seele. Wenn es mit Deiner Seele gleich schwingt, dann wirst Du es sicher fühlen. Tief in Deinem Innern weißt du es nämlich alles schon. Und sollten da Dinge sein, die Du liest und die sich nicht gut für Dich anfühlen, dann lasse sie einfach los. Denn es gibt unzählige Wege, die nach Hause führen. Aber jeder Weg führt letztendlich nach Hause, welchen Weg Du auch nimmst. Besinne Dich auf Deine eigene Reise, wähle Deinen eigenen Weg und urteile nicht darüber, wie andere ihre Reise machen. Auch ihr Weg führt sie letztendlich immer nach Hause.

Ich habe versucht alles so klar wie möglich zu formulieren. Aber nochmals, es ist unheimlich schwer das, was geschieht, wenn Du wieder nach Hause gehst, in Worte zu fassen. Es bleibt eine

Herausforderung, mit irdischen Begriffen über eine Erfahrung zu sprechen, die nicht von dieser Welt ist. Es ist so groß und beeindruckend, dass es dafür eigentlich keine menschlichen Worte gibt. Aber Deine Seele weiß es und hat es nie vergessen. Bei vielen Dingen, die Du lesen wirst, wird Dich ein Gefühl der Erkenntnis durchströmen und dann wirst Du Dir dessen bewusst, dass Du dies alles schon lange weißt. Du wirst Dich wieder an die Dinge erinnern, die Du tief im Innern immer schon gewusst hast.

Und das ist die wahre Rückkehr nach Hause......

Alles Liebe,
Marie-Claire

Sieh Dich selbst als die
wundervolle Seele,
die Du in Wirklichkeit bist.

Isabelle

Isabelle lag in ihrem Bett am Fenster und schaute ruhig nach draußen. Sie genoss das emsige Treiben in ihrem Vorgarten. Vögel flogen hin und her, um von all den Köstlichkeiten, die ihr Mann an verschiedenen Stellen für sie aufgehängt hatte, zu naschen. Sie lag nun schon wieder einige Wochen hier in diesem Bett vor dem Fenster. Nachdem sie von ihrem Arzt im Krankenhaus zu hören bekam, dass er nichts mehr für sie tun könnte, hatte sie zusammen mit ihrem Mann und ihrer Tochter beschlossen, die Zeit, die ihr noch blieb, zu Hause in ihrer gewohnten Umgebung zu verbringen. Ein paar Mal am Tag kam jemand vom Pflegedienst, um sie zu versorgen. Auch damit hatte sie sich abgefunden. Am Anfang fiel es ihr sehr schwer, zu akzeptieren, dass sie so abhängig von anderen geworden war. Aber inzwischen war sie eigentlich nur noch sehr dankbar dafür, dass es Menschen gibt, die diese Arbeit mit so viel Liebe und Hingabe machen.

Heute war ein besonderer Tag. Vor einer Woche fühlte es sich für sie so an, als würde es nicht mehr lange dauern. Sie wollte noch gerne auf eine schöne Weise von jedem Abschied nehmen, der ihr

lieb und teuer war, und so hat sie sich zusammen mit ihrer Tochter eine Art Abschiedsritual ausgedacht. Heute Mittag werden alle da sein, um dies miteinander zu erleben und seltsamerweise freute sie sich darauf. Sie fand es schön, dies noch tun zu können bevor sie möglicherweise nicht mehr dazu in der Lage sein würde. Ihr Mann kam herein und legte sich neben sie. Er hielt sie ganz fest und drückte sie an sich. Ehrlich gesagt, widerstrebte ihm der Gedanke an diesen Mittag etwas. Es fühlte sich für ihn so endgültig an. Aber auf der anderen Seite war er doch auch sehr froh, dass die nahen Familienmitglieder und Freunde auf diese Weise noch Abschied nehmen konnten, zusammen mit Isabelle in ihrer Mitte.

Sie sah durch das Fenster wie ihre Tochter, ihr Schwiegersohn und die Enkelinnen in den Garten hineinliefen. Die fünfjährigen Zwillinge winkten ihr fröhlich zu, und sie winkte mühsam zurück. Die Hintertür flog auf, und die beiden Mädchen stürmten herein um Oma zu begrüßen. Ihre Mutter kam schnell hinter ihnen her, um zu verhindern, dass sie auf das Bett springen würden. Isabelle musste lachen über so viel Begeisterung. Wie erfreute sie sich doch an den Zweien. Sie würde sie unheimlich vermissen. Sie wäre gerne noch etwas länger in ihrem Leben geblieben, um zu sehen wie sie weiter aufwachsen würden. Aber ja, es war eben nicht anders.....

„Oma, hast Du Lust auf Dein Abschiedsfest?" Fragten die beiden Mädchen im Chor. „Gibt es auch Torte?" Isabelle lächelte ihrer Tochter zu, die sie um Verzeihung bittend ansah. Sie fand es geradezu herrlich, zu sehen, wie die Kinder damit umgingen. So unbefangen, rein und voller Unschuld. In dem Moment als ihre Tochter ihnen erzählt hatte, dass Oma nicht mehr ganz lange leben würde, waren sie natürlich schon sehr traurig, aber sie hatten es ihrer Meinung nach nicht wirklich begriffen. Die Erwachsenen hatten miteinander abgesprochen, dass sie einfach offen und ehrlich zu den Zwillingen sein würden, auf eine Art und Weise, die ihrem Alter entspricht. Isabelle hatte nämlich in einem Buch gelesen, dass Kinder ganz intuitiv mit dem Tod und dem Sterben umgehen. Das Schlechteste, das man tun könne, wäre zu versuchen sie davor abzuschirmen, selbst wenn du denkst, dass du sie damit vor dem Schmerz des Verlustes beschützen würdest. Es ist viel besser, sie darüber in Gesprächen und mit Geschichten zu informieren, auf ihre Fragen zu hören und ihnen diese ihrem Alter entsprechend zu beantworten. Kinder fühlen haargenau, wann sie abgewimmelt werden und wann sie ernst genommen werden. In dem Buch las sie auch, dass es gut ist, mit ihnen über all das zu sprechen, was man selbst fühlt und denkt und darüber, was sie fühlen und denken. Und wenn sie davon träumen, sie zu ermuntern, ihre Ängste in Worte zu fassen. Es ist wichtig, ihnen zu erzählen, dass der Tod etwas Natürliches ist und sicher nicht, es vor ihnen zu verheimlichen. Hierin konnte Isabelle sich völlig wieder finden und ihre Tochter und ihr Schwiegersohn glücklicherweise auch. Dies ist nun auch genau die Art und Weise, wie sie es mit den Zwillingen gehalten haben, und das fühlte sich sehr gut an. Gerade durch ihre Unbefangenheit brachten die beiden Mädchen viel Freude und Spaß in diese schwierige Periode.

Einer nach dem anderen trudelten der Rest der Familie und Freunde ein. Von jedem wurde sie liebevoll umarmt. Sie sah, daß manche es wohl schwer mit der Situation hatten, aber jeder versuchte stark zu bleiben. Als alle da waren und Isabelle von

ihrem Krankenpfleger bequem in ihre Kissen gebettet worden war, ergriff sie das Wort: „Ihr Lieben, ich bin sehr froh, dass Ihr alle hier seid. Es ist für mich unheimlich schön, auf diese Weise, noch in Fleisch und Blut, mit Euch zusammen hier zu sein und auf mein Leben zurückzublicken. Demnächst, bei meiner Beerdigung, könnt Ihr das schlicht noch einmal tun, aber davon werde ich aus meinem Sarg heraus wahrscheinlich nicht mehr so viel mitbekommen." Hier und da wurde über ihren Scherz leise in sich hinein geschmunzelt. Das war auch genau das, was sie gerne wollte. Es sollte ein netter und schöner Mittag werden mit einem Lachen und einem Weinen. Sie führte fort: „Unsere Tochter und ich haben diesen Mittag zusammen vorbereitet, und sie wird es jetzt für mich übernehmen Euch durch dieses Abschiedsritual zu begleiten. Ich möchte Euch noch mit auf den Weg geben: wenn Du lachen musst, dann lache und wenn Du weinen musst, dann weine. Für mich ist es sehr wichtig, dass wir jetzt zusammen unsere Gefühle und Emotionen miteinander teilen können."

Ihre Tochter bat alle, sich rund um das Bett zu stellen. Neben dem Bett standen auf einem Tischchen eine Anzahl Kerzen. Die Hochzeitskerze von Isabelle und ihrem Mann, die Taufkerze ihrer Tochter und zwei kleine Kerzen in Form eines Herzens. Auch brannte ein Weihrauchstäbchen mit ihrem Lieblingsduft. Nachdem sie zuerst zusammen ein schönes Musikstück angehört hatten, zündete ihr Mann ihre Hochzeitskerze an. Danach nahm ihre Tochter die Taufkerze und zündete diese mit der Flamme der Hochzeitskerze an. Danach trat ihr Schwiegersohn mit den Zwillingen vor, und zusammen zündeten sie die zwei herzförmigen Kerzen mit der Flamme der Taufkerze an. Dies war eine schöne Art und Weise, die ganze Familie auf symbolische Weise ins Licht zu stellen. Die beiden Mädchen kletterten vorsichtig zu Isabelle ins Bett und kuschelten sich dicht an sie. Sie fühlten offensichtlich, dass dies ein sehr spezieller Augenblick war.

Sie hatte Ihren Bruder gefragt, ob er ein Gedicht vorlesen wollte. Das Gedicht hatte er selbst ausgesucht. Es handelte von der besonderen Verbindung zwischen einem Bruder und einer Schwester. Das war seine Art, ihr zu zeigen, wieviel sie ihm bedeutete. Es war ein sehr berührender Moment für jeden.

Ihre Tochter hatte zu ihrer Überraschung, jeden gebeten eine Blume mitzubringen. Isabelle fragte sich, was wohl die Bedeutung davon wäre, aber das wurde schnell klar. Neben ihrem Bett wurde eine große Vase aufgestellt und einer nach dem anderen traten ihre Angehörigen und Freunde mit einer Blume vor. Bevor sie diese in die Vase steckten, erzählten sie ihr, warum sie gerade diese Blume ausgewählt hatten und warum diese sie an Isabelle denken ließ. Es waren wunderschöne und berührende Geschichten. Die eine etwas länger als die andere, aber allesamt gleich liebevoll. Es entstand ein prächtiger bunter Strauß, denn seltsamerweise hatte fast niemand dieselbe Blume mitgebracht. Isabelle genoss diesen einzigartigen Moment in vollen Zügen.

Auch ihre Enkelkinder hatten etwas vorbereitet. Sie hatten ein wunderschönes Bild von Oma auf einer Wolke gemalt, auf dem sie fröhlich nach unten winkte. Dies berührte sie immens. Sie war sehr glücklich zu sehen, wie die Mädchen es sich vorstellten, wenn sie nicht mehr da sein würde. Und sie versprach ihnen, dass sie ihnen auf ewig zuwinken würde. Danach nahm sie die zwei Geschenke, die neben ihrem Bett versteckt gelegen hatten und

gab sie den Zwillingen. Sie rissen aufgeregt das Papier auf. Da kamen zwei niedliche Teddybären zum Vorschein und Isabelle erklärte ihnen, dass dies zwei Trostbären seien. Mit diesen lieben Bären könnten sie all ihre Sorgen und Geschichten teilen. Jetzt und später, wenn Oma nicht mehr da sein würde. Und sie erzählte ihnen, dass die Bären es sehr schön fänden, dann auch mit zur Beisetzung von Oma zu dürfen. Isabelle hoffte, dass es ihnen etwas Halt und Trost schenken würde. Die beiden Mädchen drückten die Bären fest an sich und gaben ihnen direkt einen Namen. Lächelnd zwinkerte sie ihrer Tochter zu, weil sie wusste, dass sie genau das richtige Geschenk gefunden hatte.

Danach nahm sie den Brief, den sie ein paar Tage zuvor gewissenhaft geschrieben hatte. Hiermit wollte sie jedem der Anwesenden persönlich danken für das, was derjenige ihr bedeutet hat. Sie las ihn ruhig-mit hier und da einer Träne-vor. Aber es wurde auch über die lustigen Anekdoten gelacht, die sie manchmal zum Besten gab. Es war für sie eine sehr schöne Art und Weise, ihre Liebe und Zuneigung für jeden zu bekunden.

Ihre Tochter hatte ein wunderschönes Herz aus Selenit gekauft. Dies war der Lieblingsedelstein von Isabelle. Dieser Stein hilft nämlich, mit der höheren Welt in Verbindung zu treten, den Engeln, geistigen Führern oder wie auch immer du es nennen möchtest. Er reinigt auch durch seine wunderbare Ausstrahlung den Raum und lässt Licht in den Raum hineinfallen. Er wird wohl auch der Engelstein genannt, aufgrund der hohen Schwingung, die dieser Stein ausstrahlt. Ihre Tochter bat jeden, das Herz kurz in seine Hände zu nehmen und laut oder in Gedanken, einen Wunsch für Isabelle auszusprechen. Zum Schluss gab ihr Mann den Stein Isabelle. Behutsam legte sie das Selenit Herz auf ihr eigenes Herz und schloss kurz ihre Augen. Sie fühlte die Liebe zu sich hineinfließen. Sie beschloss diesen Stein mit all den liebevollen und guten Wünschen ihrer Lieben später auch mit ins Grab zu nehmen.

Um das Abschiedsritual schön abzurunden, lauschten sie schließlich zusammen noch einem bewegenden Musikstück. Danach umarmte jeder Isabelle innig. Dies war für alle Anwesenden ein sehr berührender Moment, und es wurden viele Tränen vergossen, aber jeder fühlte, dass es so gut war. Isabelle war sehr glücklich und dankbar, dass sie dies noch so tun konnte. Es war für sie eine sehr schöne und besondere Art und Weise, Abschied von jedem zu nehmen.

Die Zwillinge waren die ganze Zeit sehr ruhig bei ihrer Oma liegen geblieben, aber dann sprangen sie mit einmal auf und riefen: „Bekommen wir denn jetzt Torte?" Jeder begann zu lachen, und die Stimmung wurde sofort wieder leichter und fröhlicher. Dies ist also, was Kinder tun, dachte Isabelle mit einem breiten Grinsen in ihrem Gesicht. Und sie war sehr froh und dankbar, dass die zwei Mädchen hierbei sein konnten. Kurze Zeit später saß in der Tat jeder vor seiner Torte mit einer Tasse Kaffee oder Tee. Isabelle betrachtete es mit etwas Abstand und fühlte auf einmal, wie es sein würde, wenn sie bald nicht mehr da wäre. So würde es wahrscheinlich auch nach ihrer Beerdigung aussehen. Zuerst das „schwerere" Stück und danach Kaffee mit Torte und doch auch wohl wieder fröhliche Gespräche. Und so gehörte es sich auch, dachte sie. Das Leben geht letztendlich einfach weiter. Auch ohne sie.......

Wenn Dein Herz gefüllt
ist mit Liebe, bleibt kein
Platz für Angst übrig.

Ein Reiseführer für die Seele

Es waren inzwischen ein paar Tage verstrichen und Isabelle fühlte, dass sie immer schwächer wurde. Essen und Trinken gelang nicht mehr und sie schlief viel. Manchmal hatte sie das Gefühl, dass sie sich in zwei Welten gleichzeitig aufhielt und regelmäßig sah sie schemenhafte Gestalten um sich herum. Dies fühlte sich ganz vertraut an, aber sie konnte nicht erkennen, wer sie waren. Aus dem tiefsten Inneren heraus wusste sie, dass dies die Wesen waren, die sie auf die Rückreise nach Hause vorbereiteten. So hatte sie die Welt nach dem Tod immer genannt. Sie hatte auch keine Angst davor. Sie wusste, dass sie bald dorthin zurückkehrte, wo sie eigentlich herkam. Wie sie zu diesem Wissen kam, wusste sie eigentlich auch nicht wirklich, aber sie fühlte, dass es so war. Ihr lieber Mann, ihre Tochter, ihr Schwiegersohn und ihre Enkelinnen waren so viel wie möglich bei ihr. Sie fand es angenehm nicht mehr Menschen um sich herum zu haben. Sie wollte am liebsten so viel wie möglich Ruhe und Stille. Sie bemerkte, dass sie sich zurückzog aus dem irdischen Leben, und dass die Verbindung zu ihrem

Körper weniger wurde. Sie fühlte, wie sie allmählich immer mehr wegglitt.

Sie war gerade wieder eingedöst. Als sie ihre Augen öffnete, sah sie zu ihrer großen Überraschung, dass ihre Oma auf dem Rand ihres Bettes saß. Diese war schon vor vielen Jahren gestorben und also schon eine lange Zeit Zuhause gewesen. Sie strahlte ein sehr schönes, weiches Licht aus und sah sie lächelnd an. Kurz dachte Isabelle, dass sie träumte, aber es fühlte sich so real an, dass sie sogleich wusste, dass dies nicht der Fall war. In der Ferne hörte sie ihren Mann in der Küche herum hantieren. Weiter war in diesem Moment niemand im Haus. „Liebe Oma, wie schön Dich hier zu sehen", flüsterte Isabelle. „Kommst Du mich vielleicht abholen?" „Ja, Liebes, wenn Du dazu bereit bist, werde ich Dir mit dem Übergang nach Hause helfen. Aber tue es in Deinem Tempo, wir haben keine Eile. Du entscheidest, wann es soweit ist." Zu ihrer Verwunderung bemerkte Isabelle, dass Oma nicht laut gesprochen hatte, sondern über Gedanken mit ihr kommunizierte. „Das funktioniert, und Du kannst das auch. Versuche es mal", hörte sie ihre Oma in Gedanken sagen. Vorsichtig probierte Isabelle es aus und dachte: „Ich bin ehrlich gesagt schon soweit, um zu gehen, aber ich finde es doch auch sehr spannend, weil ich nicht so gut weiß, was da alles geschehen wird. Kannst Du mir darüber mehr erzählen?" Zu ihrer Freude antwortete ihre Oma wieder in Gedanken. Sie konnte sie also wirklich hören, ohne dass sie laut sprach. „Zuhause ist das völlig normal", sagte Oma. „Das ist die Weise, in der wir miteinander kommunizieren und es ist einfacher so, kann ich Dir versichern. Aber ich kann mir sehr gut vorstellen, dass Du Dich daran eben gewöhnen musst, das musste ich anfangs auch. Wie ich schon sagte, ich bin hier, um

Dich auf deiner Heimreise nach Hause zu begleiten und, wenn Du möchtest, darf ich Dir bereits alles darüber erzählen, sodass es dann vielleicht etwas einfacher für Dich sein wird. Auch darfst Du mich alles fragen, was Du darüber wissen möchtest."

„Das würde ich schon sehr schön finden", antwortete Isabelle wieder in Gedanken. „Ich finde es doch wohl alles sehr spannend, obwohl ich vollkommen im Vertrauen darauf bin, dass ich an einen wunderschönen und liebevollen Ort gehe. Aber es wäre schon sehr schön, wenn ich bereits eine Art „Reiseführer" hätte, sodass ich weiß, was mich alles erwartet. Ich denke, dass dies das Loslassen ein Stück einfacher machen würde." „ Das hast Du schön gesagt Liebes, ein Reiseführer," antwortete Oma, „so hab ich das noch nie gesehen. Aber eigentlich ist das ein sehr schöner Vergleich für all das, was ich Dir erzählen werde. Also, bist Du bereit für den Reiseführer für Deine Seele?" Und Oma begann zu erzählen:

„Weißt Du, ich bin nicht grundlos hier. Bevor Du auf die Erde gegangen bist, haben wir zusammen beschlossen, dass ich Dich abholen und nach Hause begleiten würde. Jeder spricht das auf Seelenniveau mit einer anderen Seele ab. Du sprichst dies also vorher ab, zusammen mit noch vielen anderen Dingen, aber darauf komme ich später zurück. Dies kann jemand sein, den Du während Deines Lebens auf Erden gekannt hast, aber auch jemand, den Du nur von Zuhause kennst. Häufig ist es eine Seele aus Deiner Seelenfamilie mit der Du Dich sehr stark verbunden und vertraut fühlst. Diese wird Dich beruhigen und Dir helfen Deinen Körper los zu lassen und den Übergang versuchen zu erleichtern." „Wie außergewöhnlich", sagte Isabelle gespannt. „Ich

finde es auch besonders schön, dass gerade Du mich abholen kommst. Ich hab mich bei Dir immer sehr wohl und geborgen gefühlt." „Genau das ist dann auch der Grund, weshalb Du mich ausgewählt hast, mein Liebes", sagte Oma lächelnd.

„Ich werde Dir jetzt erläutern, was Du alles zu erwarten hast, wenn Du soweit bist, Deinen Körper zu verlassen. Was wichtig zu wissen ist, ist, daß Du als Seele aus reiner liebevoller Energie bestehst und Energie stirbt nie, sie verändert nur die Form. Das geschieht auch mit Dir als Seele, wenn Dein Körper stirbt. Du gehst wieder nach Hause. Du verlierst zwar Deine physische Form, aber Du verlierst niemals Deine Essenz, das, was Dich wirklich ausmacht. Deine Seele ist Deine Basis, wenn Du also wieder nach Hause gehst, wirst Du wieder zu dieser Energie zurückkehren. Und in all Deinen Leben auf Erden ist die Basis dieselbe gewesen. Nur die menschlichen Gegebenheiten und das Ego waren unterschiedlich. Aber wenn Du wieder Zuhause bist, fallen diese völlig weg und Du bist wieder derjenige, der Du in Wirklichkeit bist. Als Seele hast Du auch eine Persönlichkeit und einen Charakter, aber die können sich durch menschliche Erfahrung verändern und wachsen. Daher kannst Du als Seele beispielsweise auch schöpferisch, kreativ, belehrend, humorvoll und sorgsam sein.

Wenn eine Seele nach Hause zurückkehrt, fühlt sie weder Hass, Wut, Eifersucht, Neid noch irgendetwas von diesen Dingen. Dies sind rein menschliche Emotionen. Eine Seele geht auf die Erde, um genau diese Emotionen zu erfahren und daraus zu lernen. In dem Moment, in dem sie den Körper losgelassen hat, verschwinden diese Emotionen wieder, weil eine Seele pur aus

Liebe und Licht besteht. Aber Du bist dann nicht mit einem Mal erleuchtet oder allwissend. Ob Du Dich in einem Körper befindest oder nicht, Du willst ständig weiter wachsen. Nach dem Tod findest Du Dich an dem Punkt wieder, an dem Du als Seele während Deines irdischen Lebens stehen geblieben bist. Also, wenn Du stirbst, bleibt Deine Seelenpersönlichkeit einfach bestehen. Du wirst nicht auf einmal ganz anders, Du bleibst, wer Du tief in Deinem Inneren bist. Nur der Körper fällt weg und menschliche Schmerzen und Angst verschwinden direkt, wenn Du Deinen Körper losgelassen hast. Du wirst wieder einen viel größeren Überblick und ein größeres Verständnis von allem haben und Du fühlst Dich völlig frei und voller Freude.

Während des Sterbeprozesses wirst Du Dich als Seele immer mehr aus Deinem Körper zurückziehen und Du wirst Dir auch immer weniger Deiner körperlichen Schmerzen bewusst sein. Dies ist ein natürlicher Prozess. Es ist eine Art Schutz Deiner Seele. Selbst wenn es für die Außenstehenden aussehen kann, als ob Du sehr viel Schmerzen hast, dann ist dies nur der rein körperliche Ausdruck. Die Seele erfährt diese Schmerzen nicht mehr. In dem Moment, wenn Du Dich als Seele von Deinem Körper loslöst, fühlst Du Dich stets leichter und leichter werden und wie von selbst wirst Du ihn dann verlassen. Dies gibt Dir ein enorm befreiendes Gefühl. Es ist genauso wie das Ausziehen eines viel zu engen Schuhs. Du kannst dann Deinen Körper einfach liegen sehen. Dies ist meistens ein emotionaler Moment und oft ist das Bedürfnis da, dem Körper danken zu wollen. In dem Moment, in dem Du tot bist, wirst Du sogleich erfahren, dass das Leben weiter gegangen ist. Dies wird für jeden gleich sein. Es kann eine kurze Phase der Desorientierung folgen, wenn Du begreifst,

dass Du nicht mehr in Deinem Körper bist, sondern davon abgetrennt bist. Dann wirst Du völlig realisieren und erfahren, dass Du nicht Dein Körper bist, sondern, dass er etwas ist, was Du hattest.

In diesem Moment sind oft geistige Führer und geliebte, schon verstorbene Menschen da, um Dich zu begrüßen und nach Hause zu begleiten. Was dann meistens auch geschieht, ist, dass Du Dir eines sehr schönen und hellen, liebevollen Lichts bewusst wirst. Wenn Du dieses Licht einmal gesehen hast, dann wirst Du wie magnetisch davon angezogen und Du findest Dich in einer Art Tunnel wieder. In diesem Tunnel angelangt, schießt Du plötzlich mit hohem Tempo voraus. Du siehst dann auch das Licht immer größer und größer werden. Dieses Licht ist die Energieschwingung von Zuhause. Daher wirst Du auch wie von selbst dorthin gezogen. Die Reise durch den Tunnel ist notwendig, um das niedrige Schwingungsniveau, das Du auf der Erde hattest, wieder zu erhöhen und anzupassen an die Energieschwingung von Zuhause. Einmal am Ende des Tunnels angekommen, siehst Du nur noch das Licht. Es ist sozusagen der Eingang nach Hause. Du fühlst einen starken Drang, in dieses Licht hineinzutreten und wenn Du dies tust, bist Du sogleich wieder ganz mit Deinem Höheren Selbst vereinigt. Dies ist der Teil Deiner Seelenenergie, der Zuhause geblieben war. Deine Seelenenergie ist nämlich so groß, dass diese niemals vollständig in einen menschlichen Körper passt. Ein großer Teil davon bleibt deshalb Zuhause. Also, wenn Du in das Licht getreten bist, bist Du als Seele wieder ganz vollständig.

Manchmal machen verstorbene Seelen zuerst noch einen Besuch

bei ihren Lieben, um Abschied zu nehmen, bevor sie in das Licht treten. Es kann dann so sein, dass sie beispielsweise an jemandes Bett erscheinen noch bevor derjenige weiß, dass der Mensch gestorben ist, nur können sie diese Person nicht mehr körperlich berühren. Aber nicht jede Seele hat dieses Bedürfnis und dies kann sicher auch noch zu einem späteren Zeitpunkt geschehen, nachdem die Seele den Übertritt vollzogen hat.

Bevor Du definitiv durch den Eingang nach Hause gehst, hast Du noch etwas abzurunden. Eine Seele ist nämlich mit einer Art Silberschnur mit ihrem Körper verbunden. Es ist gewissermaßen die Nabelschnur der Seele. Solange diese Schnur nicht durchtrennt ist, kann eine Seele nicht vollständig vom Körper loskommen, auch wenn sie zu einem großen Teil der Zeit nicht mehr darin verbleibt. Diese Schnur lässt während des Sterbeprozesses stets weniger Lebensenergie durch den Körper hindurchfließen. Daher siehst Du, dass sich ein Sterbender immer mehr zurückzieht und oft weniger Interesse am Leben hat. Erst wenn die Silberschnur durchtrennt wird, tritt der körperliche Tod ein, und eine Seele kann ihren Körper vollständig loslassen. Eine Seele durchtrennt diese Schnur übrigens immer selbst mit Hilfe von Seelen, die sich Zuhause dafür entschieden haben, diese besondere Aufgabe zu übernehmen. Eine Seele stirbt also niemals ohne ihre eigene Erlaubnis und für jeden sind der Zeitpunkt und die Umstände seines Todes immer genau richtig. Dies meine ich dann natürlich auf Seelenniveau. Der Moment wann und die Weise wie jemand stirbt, sind nämlich ein sehr wichtiger Bestandteil dessen, was eine Seele auf Erden alles erfahren möchte, um wachsen zu können. Eine Seele wählt also bevor sie auf die Erde geht selbst den Zeitpunkt und die Umstände, unter denen sie sterben wird.

Leider ist dies oft sehr schwer, mit dem menschlichen Verstand zu begreifen.

Aber dies alles steht nicht immer völlig fest und kann sich manchmal noch während eines Lebens verändern. Dieser Beschluss erfolgt wiederum auf Seelenniveau. Du wirst als Seele entscheiden zu sterben, wenn Dein Leben auf Erden vollendet ist, also, wenn Du alle Erfahrungen gemacht hast, die Du machen wolltest. Als Seele weißt Du schon im Voraus, dass Du die Erde verlassen wirst, nur bist Du Dir dessen als Mensch meist nicht bewusst, aber hin und wieder wohl doch. Es kann sein, dass jemand es doch auf die eine oder andere Weise fühlt. Dann wird er beispielsweise mit einmal alles regeln und Kontakt mit Personen aufnehmen, die er schon sehr lange nicht mehr gesehen hat. Oder er umarmt Dich etwas länger als normal, bevor er weggeht. Es kann auch sein, dass jemand mit einmal viel über den Tod spricht oder erzählt, wie er sich seine Beerdigung vorstellt, ohne dass er eigentlich selbst begreift, warum er das tut. Dazu gibt es in dem Moment keinerlei Anlass. Diese Menschen fühlen also auf Seelenniveau, dass sie bald sterben werden, während sie sich dessen als Mensch gar nicht bewusst sind. Du kannst also nicht gegen Deinen eigenen Willen sterben. Der Zeitpunkt und die Umstände des Todes sind auf Seelenniveau immer perfekt. Aber nochmals, dies ist mit dem menschlichen Verstand natürlich oft nur schwer zu begreifen, weil Du als Mensch leider einen sehr beschränkten Blick auf dies alles hast. Manchmal ist es für eine Seele sehr schwer, den Körper loszulassen und die Silberschnur zu durchtrennen. So kommt es zum Beispiel vor, dass jemand jahrelang im Koma liegt. Aber es sind hierfür viele Gründe möglich, warum sich eine Seele dafür entscheidet, dies zu erfahren. Und allein diese Seele selbst weiß, welche das sind.

Es ist wichtig zu wissen, dass Du, wenn Du stirbst, am Anfang dasselbe Bewusstsein behältst, wie Du es in Deinem Leben hattest. Das, was Du während Deines Lebens glaubtest, dass es nach Deinem Tode geschehen wird, ist das erste, was Du erfahren wirst. Du darfst diese Erfahrung so lange beibehalten wie Du selbst möchtest, denn Du erschaffst diese selbst. Als Seele kannst Du nämlich alles erfahren, was Du nur erfahren möchtest. Auch wenn das die Hölle ist oder, wenn Du denkst, dass da gar nichts nach dem Tod ist, Du erfährst dies so lange bis Du beschließt, dies nicht mehr zu tun. Diese Phase dauert genau so lange, bis Du das Licht siehst. Bei dem einen geschieht das innerhalb weniger Sekunden und ein anderer braucht dafür etwas länger. Während Du diese Erfahrungen machst, ist viel Hilfe von Zuhause zugegen, um Dich auf das Licht hinzuweisen, aber jede Seele muss letztendlich selbst diesen Prozess durchlaufen.

Wenn Du Dir schon während Deines Lebens dessen bewusst geworden bist, dass Du nicht Dein Körper bist, sondern eine Seele in einem Körper, und dass Du nach Deinem Tode wieder zurückkehrst nach Hause, wird Dir der Übergang viel leichter fallen. Du fokussierst Dich dann nämlich viel schneller auf das Licht, weil Du erwartest, dieses zu sehen. Du wirst Dir des Lichtes und der Hilfe von Zuhause viel schneller bewusst. Der Tod kann gewissermaßen einer der aufregendsten Momente Deines Lebens sein. Alles hängt davon ab, woran Du glaubst. Sowohl im Leben als auch im Tode ist das, was Du glaubst, das, was Du erfahren wirst. Wenn Du beispielsweise im Moment Deines

Todes nicht die Anwesenheit von geistigen Führern und Engeln spürst, geschieht dies, weil Du es nicht erwartest, und weil die Möglichkeit ihrer Anwesenheit außerhalb Deines Glaubens liegt. Aber wenn Du auch nur die Hoffnung hegst, dass sie anwesend sein werden, wirst Du sie unmittelbar wahrnehmen. Deshalb ist es wirklich wichtig, dass Du Dir als Mensch darüber im Klaren bist, welche Vorstellungen Du vom Tod hast. Was in diesem Zusammenhang wichtig zu wissen ist, ist, dass es Zuhause kein Leiden gibt. Du beobachtest es einfach, so wie Du zum Beispiel einem Theaterstück zusiehst. Du schaust gewissermaßen nach dem, was Du selbst erschaffen hast, aber weißt zur gleichen Zeit, dass es nicht wirklich existiert.

Wie ich schon erzählt habe, bist du, wenn Du schließlich ins Licht getreten bist, wieder vollkommen an die Energieschwingung von Zuhause angepasst. Das Licht, in welches Du hinein getreten bist, ist gewissermaßen der Eingang nach Hause. Wenn Du da hindurch gegangen bist, dann bist Du also wieder Zuhause und was Du dann sehen wirst, ist wirklich überwältigend. Die Natur ist hier wunderschön und die Farben und Düfte sind viel intensiver und lebendiger als auf der Erde. Das liegt daran, dass hier alles durchtränkt ist mit reiner liebevoller, göttlicher Energie. Im Widerspruch zu dem, was manche Menschen glauben, haben Seelen meist wenig Interesse an dem, was mit ihren Körpern geschieht, wenn sie körperlich tot sind. Sie sind nämlich nicht mehr mit ihren Körpern verbunden und sind sich nur noch der überwältigenden Liebe und Schönheit von Zuhause bewusst. Es ist dort warm und beruhigend, und es gibt keine Spannungen und Sorgen. Nur ein Gefühl des Wohlbehagens und das kommt Dir meist sehr vertraut vor.

Wenn jemand gestorben ist, wird seines Lebens auf Erden mit einer Beerdigung oder Trauerfeier gedacht. Aber Zuhause wird gerade ein großes Willkommen-Zuhause-Fest gegeben, wobei auch das gelebte Leben groß gefeiert wird. Es ist ein glückliches Wiedersehen mit all Deinen Lieben. Denjenigen, die Dir schon nach Hause vorausgegangen sind, aber auch denjenigen, die Du auf Erden zurückgelassen hast. Dies ist nämlich möglich über ihr Höheres Selbst, dem Teil von ihnen, der Zuhause zurück geblieben ist, und der jede Form annehmen kann, sodass sie für Dich erkennbar sein werden. Also bist Du als Mensch auf Erden am Trauern, weil ein geliebter Mensch gestorben ist, aber als Seele feierst Du es Zuhause gerade. Das ist schon erstaunlich, oder? Aber leider bist Du Dir dessen als Mensch oft nicht bewusst. Personen, die in Deinem Leben wichtig für Dich waren, werden immer da sein, um Dich zu begrüßen, selbst dann, wenn diese schon wieder ein neues Leben begonnen haben. Auch dies geschieht wieder über ihr Höheres Selbst. Zuhause wirst Du von allen liebevollen Seelen erwartet, die für Dich wichtig sind. Sie werden Dich umarmen und mit ihrer Energie wärmen. Du fühlst Dich vollkommen glückselig und von ihnen aufgenommen. Es fühlt sich an, wie ein Bad, das Dich warm umhüllt.

Diese festliche Wiedervereinigung findet in einem Gebiet statt, in dem alle Seelen zusammen sein können. Es ist sozusagen ein energetisch neutrales Gebiet. Der Grund hierfür ist, dass nicht jede Seele, die wir kennen, sowohl auf Erden als auch Zuhause, dasselbe Entwicklungsniveau hat und zu Deiner Seelenfamilie gehört. Jede Seele hat nämlich ein bestimmtes Bewusstseinsniveau und dazu gehört auch eine entsprechende

Energieschwingung und eine Sphäre, die sich daran anschließt. Du wirst verstehen, dass sich eine Seele mit einer „niedrigeren" Schwingung in einer Sphäre mit einer „höheren" Schwingung nicht wirklich wohlfühlen kann und anders herum ist es auch so. Du kannst es auch vergleichen mit einem Kleinkind, das sich nicht wohlfühlen wird in der 8. Klasse einer Schule. Es hat dann keinen oder nur wenig Anschluss an die anderen Kinder und auch den Stoff kann es nicht begreifen. Nun wirst Du sicher nicht denken, dass ein Kleinkind schlechter ist als ein Schüler der 8. Klasse, weil es ein niedrigeres Niveau hat. Auf diese Idee würdest Du nie kommen. Deshalb solltest Du in dieser Weise auch über höhere und niedrigere Sphären denken. Die eine Sphäre ist nicht besser oder schlechter als die andere. Es hat einfach mit dem Bewusstseinsniveau einer Seele zu tun, wo sie hingehört und zurechtkommt. Nicht mehr und nicht weniger.

Nach dieser Wiedervereinigung kehrt jede Seele wieder in ihre eigene Sphäre zurück.

Meist ist es schon so, dass Seelen, die auf Erden zu einer Familie gehörten, dasselbe Bewusstseinsniveau haben und somit auch in derselben Sphäre verbleiben. Aber das muss nicht zwingend so sein. Es gibt manchmal geliebte Menschen, die in einer anderen Sphäre leben. Wenn Seelen in einer niedrigeren Sphäre zu Hause sind und, gib acht, hiermit meine ich nur die Energieschwingung, also nicht besser oder schlechter, wie ich schon sagte, dann kannst Du sie jederzeit besuchen. Umgekehrt nicht, weil Du als Seele niemals in eine höhere Sphäre gehen kannst, weil Du diese Schwingung nun einmal nicht verträgst. Deswegen kannst Du als Seele auch niemals Deine Lieben besuchen, die in einer höheren

Sphäre verbleiben. Aber sie Dich wohl, Du brauchst nur an sie zu denken und sie werden da sein. So siehst Du, dass Du doch immer bei Deinen Lieben sein kannst, auch wenn Ihr nicht in derselben Sphäre verbleibt.

Deine Seelenfamilie ist die Gruppe von Seelen zu der Du gehörst. Diese Gruppe bleibt immer beieinander. Es ist oft so, dass ein Teil der Gruppe auf der Erde ist und der andere Teil ist Zuhause. Aber die Mitglieder einer Seelenfamilie bleiben immer miteinander verbunden. Der Teil, der Zuhause ist, kann dann als geistiger Führer für die Seelen fungieren, die in dem Moment auf der Erde sind. In dieser Gruppe spielst Du alle wichtigen Rollen durch, die Du während all Deiner Inkarnationen auf Erden spielen willst. Du wechselst auch stets die Rolle. Das eine Mal bist Du der Vater und das andere Mal bist Du wieder eine Tochter oder ein Bruder oder welche Rolle auch immer. Das Wachstum der Seelen, die zu einer bestimmten Seelengruppe gehören, geht fast immer gleich schnell voran, sodass sie auch wieder zusammen in eine höhere Sphäre übertreten können, aber das muss nicht immer so sein. Manchmal ist eine Seele dabei, die etwas längere Zeit braucht. Deshalb ist es für eine Seelenfamilie nicht notwendig, in derselben Sphäre zu verbleiben, aber meistens ist das doch der Fall. Eltern müssen auch nicht grundsätzlich zu Deiner Seelenfamilie gehören. Sie gehören manchmal einer nahen Seelenfamilie an oder sie kommen aus einer anderen Sphäre. Auch Tiere, Pflanzen, Insekten, Reptilien usw. gehören alle zu einer bestimmten Seelenfamilie.

Auf Erden bestehen alle Sphären und Energieschwingungen nebeneinander. Zuhause verbleibst Du in Deiner eigenen Sphäre

mit der dazugehörigen Energieschwingung. Daher ist es dort so ruhig und friedlich. Es gibt sieben Sphären. In den untersten drei Sphären verbleiben die Seelen, die noch in einen Menschenkörper inkarnieren. In den obersten vier Sphären verbleiben die Seelen, die meistens nicht mehr auf Erden inkarnieren. Wenn Du als Seele wieder nach Hause zurückkehrst, kommst Du in die Sphäre, wo Du bezüglich Deines Bewusstseinsniveaus und Deiner Energieschwingung hingehörst und Dich auch Zuhause fühlst. Jede Sphäre ist eine Umgebung mit gleich denkenden Seelen, folglich begreift jeder einander und jeder ist mit jedem verbunden. Eigentlich erfährst Du so etwas auch schon auf Erden. Da fühlst Du Dich auch mit bestimmten Menschen verbunden. Das sind dann auch Menschen aus Deiner Sphäre. Du fühlst Dich bei ihnen wohl. Und wenn Du jemanden triffst, der nicht auf Deine Energie abgestimmt ist, dann fühlst Du das auch direkt. Diese Person hat dann einfach ein anderes Schwingungsniveau mit dem Du Dich nicht wohlfühlst, aber das bedeutet nicht, dass derjenige dann schlechter oder besser ist als Du. In den Sphären verbleibst Du also nur mit Seelen, die auf demselben Schwingungsniveau liegen und dasselbe Bewusstsein haben und das ist sehr schön.

Ist eine Seele soweit gewachsen, dass sie in der siebten Sphäre angelangt ist, dann geht eine Seele ganz und gar in Licht und Liebe auf; sie wird Eins mit Gott oder dem Allumfassenden oder wie auch immer Du es nennen willst. Was das genau bedeutet, ist leider nicht mit menschlichen Worten zu erklären.

Verstorbene Seelen gehen immer zuerst nach Hause, aber kehren dann mit Hilfe ihres geistigen Führers oft noch einmal kurz zurück, um bei ihrer eigenen Beerdigung dabei zu sein. Dies machen sie vor allem, um ihre Nächsten zu trösten und manchmal fühlen diese das auch, wenn sie sich dafür öffnen können. Als Seele kannst Du es auch genießen, zu sehen, auf welch respektvolle Art und Weise von Deinem Körper Abschied genommen wird. Für eine Seele ist dies nämlich ein schöner und würdevoller Abschluss des Lebens auf Erden. Einer Seele ist es übrigens egal, ob ihr Körper begraben oder verbrannt wird. Sie merkt gar nichts mehr davon. Den Körper hat sie ausgezogen wie eine alte Jacke und ist somit nicht mehr damit verbunden. Sie fühlt also wirklich nichts mehr. Eigentlich ist eine Beerdigung genaugenommen nur für die Angehörigen da. Es ist ein wichtiger Bestandteil der Trauerarbeit beim Verlust eines geliebten Menschen. Also wäre es wünschenswert, dass dann auch das geschieht, womit sich die Hinterbliebenen am besten fühlen. Angenommen, Du entscheidest Dich während Deines Lebens dafür, nach Deinem Tod verbrannt zu werden. Nun ist der Moment gekommen und Dein Partner hat plötzlich große Probleme damit. Er würde Dich am liebsten begraben und einen Ort wählen, wo er Deiner gedenken kann. Was denkst Du, was Du als Seele dann am liebsten möchtest? Doch sicher dasjenige, worin Dein Liebster den meisten Trost findet. Es ist selbstverständlich gut, hierüber miteinander zu sprechen so lange Du noch am Leben bist und auch Deine Wünsche diesbezüglich zu äußern. Dies wird die Entscheidung für Deine Nächsten sicherlich ein Stück einfacher machen. Aber am Ende ist es doch so, dass es Dir als Seele später gar nichts mehr ausmacht.

Am Anfang wird eine verstorbene Seele auch noch häufiger zurückkommen, um ihre Lieben zu trösten, aber im Laufe der Zeit lässt das nach. Der Grund dafür liegt darin, dass auch sie wieder

mit ihrem Leben Zuhause fortfährt und so den Hinterbliebenen die Möglichkeit gibt, auch wieder ihr Leben auf Erden weiter zu leben. Auf diese Weise kommt die Seele dem zuvor, dass wir von ihr abhängig werden und uns vielleicht an den Kontakt klammern.

Nachdem eine Seele ihrer Beerdigung beigewohnt hat, ist es an der Zeit vom Leben auf der Erde auszuruhen und wieder zu sich zu kommen. Du wirst dann in eine sehr schöne Umgebung gebracht. Es ist eine Art Erholungshaus, wo Du wieder genesen kannst, auch das Sanatorium genannt. In diesem Erholungshaus findet auch die Neuorientierung statt, um Dich wieder an das Leben zu Hause anzupassen. Das Sanatorium sieht so aus, dass sich die Seele dort wohl und behaglich fühlt und es hat oft irdische Charakteristika und Formen. Ein zu abrupter Übergang von der physischen Form in eine spirituelle Form ist für eine Seele in den meisten Fällen nämlich zu schwierig und verwirrend. Du bist in diesem Erholungshaus von lieben und sorgsamen Seelen umgeben, die sich dafür entschieden haben, die Seelen, die gerade von der Erde zurückgekommen sind, liebevoll zu versorgen. In dieser Zeit verbleibst Du in einem eigenen Zimmer in einer Art Bett mit einer Kuppel aus goldenem Licht darum herum. Dieses Licht hat eine besondere, heilende Energie. Wenn Du Dich da hineinlegst, wirst Du wieder vollständig mit der starken Energie von Zuhause aufgeladen werden. So kommst Du wieder ganz zu Dir selbst, so dass Du erfrischt und voller Energie weiter gehen kannst.

Zwischendurch kannst Du durch die Gärten spazieren und Dich auch dort aufladen lassen von den schönen Farben und Düften der besonderen, heilenden Blumen und Kräuter. Wie lange eine

Seele in diesem Sanatorium verbleibt, hängt davon ab, wie schwer das Leben auf der Erde gewesen ist und wie der Sterbeprozess verlaufen ist. Manchmal braucht eine Seele eine ganze Zeit, um sich zu erholen und sich wieder aufzuladen, um ihr neues Leben Zuhause zu beginnen.

Wenn Du soweit bist, wirst Du von Deinem geistigen Führer, der die ganze Zeit regelmäßig bei Dir vorbeigeschaut hat, abgeholt. Zusammen geht ihr dann zu einem anderen Gebäude. Dies ist eine Art Filmsaal. Hier bekommen alle Seelen, ihren Lebensfilm zu sehen. Alles, was Du während Deines Lebens auf Erden getan und erlebt hast, wirst Du hier noch einmal sehen. Während dieses Rückblicks auf das Leben wirst Du auch allerlei Situationen zu sehen bekommen, die Du oft schon lange vergessen oder aus Deinem Bewusstsein verdrängt hast. Also nicht nur die scheinbaren Höhepunkte. Der Höhepunkt Deines Lebens kann schon mal ein ganz anderer sein, als Du als Mensch denken würdest. Aber dies alles geschieht nicht auf gewöhnliche Art. Du wirst nämlich alles auf unterschiedlichen Ebenen nochmal erleben. Du wirst nicht nur fühlen, wie das alles für Dich gewesen ist, sondern auch für all diejenigen, die Du in dem Moment sehen wirst, und die eine Rolle im Geschehen Deines Lebens gespielt haben. Dies brauchst Du, um für Dich selbst einen Überblick zu bekommen, wie Du Dein Leben auf Erden gelebt hast und welchen Einfluss dies auf alles gehabt hat. Nicht nur auf Dich, sondern auch auf jeden, der damit zu tun hatte. So kannst Du entscheiden, welche Themen Du abgerundet hast und mit welchen Themen Du Zuhause und in einem eventuell folgenden Leben weiter machen willst. Daraus kannst Du sehr viel lernen und so Dein Leben auf Erden auf eine gute Art und Weise abschließen.

Aber Du wirst dies alles nicht auf eine menschliche Art erfahren. Du betrachtest es sozusagen aus einem gewissen Abstand, ohne die menschlichen Gefühle, die auf der Erde dazu gehörten. Als ob Du gerade in einem Kinofilm mitgespielt hättest. Während des Spielens bist Du vollkommen aufgegangen in Deiner Rolle. Du hast dadurch völlig vergessen, dass Du nicht selbst der Charakter warst, den Du gespielt hast. Diese Erkenntnis kommt erst wieder zurück, wenn Du das Set verlassen hast. Du setzt Dich in den Saal, um diesen Film anzusehen. Du siehst Dich selbst die Rolle spielen und dabei alle dazu gehörigen Emotionen darstellen. Aber diese Bilder rufen weiter keine inneren oder emotionalen Reaktionen mehr bei Dir hervor. Du weißt jetzt wieder, dass Du das nicht wirklich bist. Aber als Du noch voll in der Rolle warst, schienen Dir das Leiden, der Schmerz und die Freude, die Du ausdrücktest, sehr wahrhaftig. Während Du Deinen Film anschaust, siehst Du auch bestimmte Szenen, die Du vielleicht hättest noch besser spielen können oder manche Szenen, die Du besser hättest lassen sollen. Und manchmal beschließt Du dann, das im nächsten Film zu tun. Du wirst hier auch alles, was Du auf Erden gelernt hast, als Weisheit integrieren. Dadurch wird Deine Seele wieder weiter entwickelt sein als vor diesem Leben und die Weisheit nimmst Du wiederum mit in ein eventuell folgendes Leben.

Danach gehst Du mit Deinem geistigen Führer auf die Suche nach einem Platz, wo Du wohnen möchtest. Du darfst dies alleine bestimmen und auch, wie Deine Wohnung aussehen wird. Dann gehst Du ein Weilchen auf Besichtigungstour, um zu erkunden, wie das Leben Zuhause so aussieht. Alles geschieht dort durch Gedankenkraft. Was Du denkst, wirst Du sogleich erfahren. Das ist schon etwas, woran Du Dich gewöhnen musst: das du Deine Gedanken auf die Dinge fokussierst, die du erfahren möchtest und nicht auf die, die du nicht erfahren möchtest. Es ist etwas schwierig zu erklären, wie das genau funktioniert, aber Du musst es Dir so vorstellen, dass alles, woran Du denkst, sich auch gleich manifestiert. Möchtest Du beispielsweise ein Buch lesen, dann ist da ein Buch und wenn Du einen leckeren Pfannkuchen essen möchtest, dann ist der da. Du brauchst nur daran zu denken und es ist da. All dies besteht dann natürlich nur aus Energie. Was übrigens auf der Erde auch der Fall ist, nur ist die Energie dort ganz anders als Zuhause. Du bestimmst tatsächlich alles selbst in Deiner eigenen Wirklichkeit. Du brauchst nur eben einen Gedanken festzuhalten und der manifestiert sich dann. Du kannst wirklich alles haben, was Du willst, einfach nur indem Du daran denkst und Du kannst jede Wirklichkeit erschaffen, die Du möchtest. Die meisten Seelen erfahren dies alles als eine schöne und inspirierende Erkundungsreise. Du kannst es mit dem vergleichen, wenn Du gerade im Urlaub bist und dort alle neuen Dinge entdecken möchtest.

Wenn Du wieder zu Hause bist, wirst Du anfänglich die Form Deines letzten menschlichen Körpers annehmen, aber dann in dem Alter, in dem Du Dich als Mensch am wohlsten gefühlt hast. Dies ist eine Übergangsphase, um Dich schrittweise daran zu gewöhnen, dass Du keinen menschlichen Körper mehr hast. Auch wirst Du die Welt Zuhause meist als ein Abbild der Erde erfahren, aber dann viel schöner und intensiver. Du siehst dort Gebäude, Bäume, Blumen, Autos und dergleichen. Dies machst Du also alles Kraft Deiner Gedanken. Auch andere Seelen werden sich Dir, um Dich zu beruhigen, anfangs so zeigen, wie Du sie

in ihrem irdischen Leben gekannt hast. Du wirst auch häufig menschliche Handlungen ausführen, wie Essen und Trinken, Dich um Dich selbst kümmern und so weiter. Selbstverständlich muss das nicht sein, aber wie schon gesagt, es handelt sich um eine Übergangsphase in der Du Dich befindest und Dein geistiger Führer wird Dich dabei unterstützen, auch dieses Stück Menschlichkeit in Deinem eigenen Tempo loszulassen. Solange bis Du begreifst, wie sinnlos es eigentlich ist, diese Dinge zu kreieren. Du bist davon gelangweilt und verlierst den Spaß daran, weil Du alles sogleich erfahren kannst.

Dies ist ein wichtiger Moment. Es ist ein Zeichen dafür, dass Du als Seele Deine Menschlichkeit zu vergessen beginnst und Dich stets mehr auf Deine Seelenenergie ausrichtest und Du Dir mehr und mehr bewusst wirst, dass Du eine Seele bist. Dein Verlangen nach irdischen Sachen nimmt stets mehr ab, bis Du diese vollkommen loslässt. Du benötigst sie nicht mehr und nun kannst Du Dich auf Dein wirkliches Seelenleben einlassen. Während dieses Prozesses wirst Du auch noch mehr Seelen Deiner Seelenfamilie treffen und allmählich erkennen, dass Du kein Mensch mehr bist. Sie werden Dir auch hierbei helfen, Dich wieder daran zu erinnern. Du wirst Dir stets mehr des Teils von Dir bewusst, der Zuhause zurückgeblieben war, Deinem Höheren Selbst. Du bist zwar schon vollkommen wieder damit vereinigt, aber Du bist Dir dessen als Seele noch nicht sogleich völlig bewusst. Nach einer Weile gehst Du dann zusammen mit Deinem geistigen Führer schauen, welche Aufgabe Du übernehmen willst, nun wo Du wieder Zuhause bist. Das kann wirklich alles Mögliche sein. Du kannst beispielsweise Seelen helfen, die den Übertritt nach Hause machen, im Sanatorium oder in der Kindersphäre arbeiten. Du kannst Dich auch dafür entscheiden, für die Blumen und Pflanzen zu sorgen oder ein geistiger Führer für eine Seele, die auf der Erde lebt, zu sein. Wir können nämlich von zu Hause aus ganz aktiv an der Entwicklung von jedem, der noch auf der Erde verbleibt, teilnehmen. Es gibt wirklich unzählige Möglichkeiten und Du wirst von selbst das auswählen, was am besten zu Dir passt.

Das ist für den Moment genug an Informationen darüber, was so alles geschieht, nachdem Du als Seele Deinen Körper verlassen hast. Wenn Du demnächst den Übertritt gemacht hast, wird Dir alles noch klarer werden, und wenn Du dann noch Fragen haben solltest, darfst Du sie bis in alle Ewigkeit an mich stellen. Ich bleibe während des ganzen Prozesses vom Übertritt und der Gewöhnung an Zuhause bei Dir und werde Dich hierbei so viel wie möglich unterstützen."

Du bist nie allein,
es ist immer Hilfe
um Dich herum.

Die Rückkehr nach Hause

Isabelle hatte atemlos dagelegen und zugehört und fühlte, dass die Geschichte ihrer Oma eine sehr beruhigende Wirkung auf sie hatte. Sie bemerkte, dass all ihre Angst verschwunden war, und dass sie jetzt wirklich bereit war, den Übertritt zu machen. Zu ihrer Überraschung nahm sie wahr, dass das ganze Gespräch mit Oma nicht mehr als fünf Minuten gedauert hatte. Das meinte sie also damit, dass der Begriff „Zeit" Zuhause nicht existiert. Schon eine seltsame Wahrnehmung. Sie wurde plötzlich unheimlich müde und fiel langsam in einen tiefen Schlaf. Als sie wieder wach wurde und ihre Augen öffnete, sah sie, dass ihre ganze Familie an ihrem Bett saß. Ihr lieber Mann, ihre Tochter, ihr Schwiegersohn und auch ihre beiden Enkelinnen. Ihr Mann hielt ihre Hand fest und strich sanft über ihre Haare. Sie fühlte, dass es ihr sehr schwer fiel zu atmen und versuchte etwas zu sagen, aber es schien so als ob ihre Stimme weg war und sich nur noch ihre Lippen bewegten. Ihre Tochter flüsterte leise: „Ganz ruhig, liebe Mama, Du brauchst nichts mehr zu sagen, es ist gut so. Geh nur, lass einfach los und geh ins Licht. Mach Dir keine Sorgen um uns, wir schaffen das schon und werden auch gut für Papa sorgen.

Du hast es sehr gut gemacht. Du warst für mich eine liebende Mutter und für die Zwillinge eine Superoma. Ruh Dich jetzt schön aus und lass los, wir lieben Dich, für alle Zeit...." Isabelle fühlte die Wärme und die Liebe ihrer Familie in ihr Herz strömen und langsam kullerte eine Träne über ihre Wange. Sie bemerkte, dass auf einmal überall Lichtwesen um ihr Bett herum standen und ihre liebe Oma stand am Fußende. „Ich denke, dass dies der Moment ist, zu gehen, Liebes", sagte diese lächelnd, „bist Du bereit dazu?" Isabelle schaute noch einmal nach all ihren Lieben an ihrem Bett, kniff sanft in die Hand ihres Mannes und schloss die Augen. Danach stieß sie einen tiefen Seufzer aus und fühlte wie sie immer leichter wurde und voller Vertrauen aus ihrem Körper glitt. Auf einmal erkannte sie, dass sie darüber schwebte und schaute überrascht auf ihn hinab. Er lag ruhig und friedlich da, aber sie fühlte keinerlei Verbundenheit mehr mit ihm. Es fühlte sich nicht so an, als ob es ihrer war. Sie fühlte sich herrlich frei, befreit und voller Freude. Alle Schmerzen, Kummer und Leid waren verschwunden. Alle Angst war von ihr abgefallen, und sie fühlte sich großartig. Sie bemerkte, dass sie mit einmal auch völlig schwerelos war und wurde sich dessen bewusst, dass sie überall sein konnte, wo sie nur sein wollte und es fühlte sich ganz normal an, als ob dies die natürliche Weise war, die Dinge wahrzunehmen. Sie sah ihre Familie weinend an ihrem Bett sitzen, aber auch zu ihr fühlte sie langsam ihre emotionale Bindung und Zuneigung verschwinden.

Dann erinnerte sie sich der Worte ihrer Oma, die ihr erzählte, dass sie ihre Aufmerksamkeit auf das Licht richten sollte. Sie schaute sich um, ob sie es irgendwo entdecken konnte und dabei bemerkte sie, dass ihre Oma auf einmal neben ihr stand und in die Ferne auf einer Art Tunnel deutete, in dem ein sehr schönes und sanftes Licht schien. Sie fühlte eine enorme Welle von Liebe durch sich hindurchströmen und wie von selbst begann Isabelle zu dem Tunnel zu schweben. Als sie erst einmal in dem Tunnel war und weiter schwebte, sah sie wie das Licht größer und größer wurde je näher sie ihm kam. Es wurde sogar zu einer riesengroßen Kugel, aber es blendete sie nicht. Es war das schönste Licht, das sie jemals gesehen hatte. Sie fühlte wie sie immer schneller davon angezogen wurde. Es strahlte soviel Liebe aus und sie fühlte eine wohltuende Ruhe in sich aufkommen. Als sie am Ende des Tunnels angelangt war, stand sie direkt vor dem grandiosen Licht. Sie wurde völlig davon überwältigt. Einen Moment zögerte Isabelle, aber dann schloss sie ihre Augen und trat schnurgerade in das strahlende, liebevolle Licht hinein. Als sie ihre Augen wieder öffnete, schaute sie sich erstaunt um. Was war es hier schön! Überall sah sie die schönsten Blumen und das grünste Gras, das sie jemals gesehen hatte, und sie hörte wunderbare Musik. Vögel und Schmetterlinge flatterten fröhlich um sie herum und alles schien von dem funkelnden, vibrierenden Licht durchtränkt, welches sie auch im Tunnel gesehen hatte. Es war eine herrliche Landschaft und sie war in keinster Weise, mit der Natur auf der Erde zu vergleichen. In der Ferne sah sie ein phantastisch strahlendes Lichtwesen, welches eine unglaublich starke bedingungslose Liebe auf sie ausstrahlte. So etwas hatte sie noch nie gefühlt, soviel Frieden, Ruhe, Wärme und Geborgenheit. Sie fühlte keinerlei Sorgen und Schmerzen mehr, nur noch Liebe, und sie fühlte sich vollkommen angenommen.

Isabelle schaute sich genießend um und wurde sich dann in der Ferne einer Lichtung bewusst, wo sich ganz viele andere Seelen

aufhielten. Sie konnte es noch nicht richtig erkennen, aber sie fühlte auf einmal große Freude, und sie wurde wie von selbst von der Lichtung angezogen. Als sie dort angekommen war, stieß sie einen Freudenjauchzer aus. Da standen all ihre Lieben mit offenen Armen und warteten auf sie und sie sah nicht nur ihre Eltern, Großeltern und all die anderen lieben Seelen, die ihr schon nach Hause vorangegangen waren, sondern auch ihren Mann, ihre Tochter, ihren Schwiegersohn und sogar die Zwillinge und noch viele weitere liebe Seelen, die sie auf der Erde zurückgelassen hatte. Dann erinnerte sie sich auch wieder der Worte ihrer Oma, dass dies geschehen würde. Sie umarmte jeden voller Freude, oh, was war das schön, sie wiederzusehen. Alle lachten und erzählten durcheinander. Es war ein großes Fest der Wiedersehensfreude und jeder war glücklich, dass sie wieder Zuhause war.

Nach einer Weile fühlte sich Isabelle auf einmal sehr müde und ihre Oma nahm ihre Hand und sagte: „Folge mir; ich bringe Dich zum Sanatorium. Dies ist ein Erholungsheim, in dem Du Dich eine Weile ausruhen und von Deinem Erdenleben erholen kannst. Danach wirst Du alle wiedersehen." Isabelle nahm von allen Seelen Abschied, die sie so liebevoll willkommen geheißen hatten. Sie umarmte jeden noch einmal voller Liebe und ergriff dann die ausgestreckte Hand ihrer Oma und zusammen machten sie sich auf den Weg.

„Bevor wir wirklich zum Sanatorium gehen, möchte ich Dir noch etwas zeigen", sagte Oma zu ihr. Und unversehens waren sie in einem großen Saal mit ganz vielen Menschen. Zu ihrer Überraschung sah Isabelle einen Sarg und darum herum ihre Familie stehen und sie begriff, dass sie Zeugin ihrer eigenen

Beerdigung war. Voller Interesse beobachtete sie auf welch liebevolle Art und Weise ihres Lebens gedacht wurde. Ihr lieber Mann und ihre Tochter, die solch schöne Worte sprachen und sie genoss auch die wunderschöne Musik, die gespielt wurde. Sie bemerkte, dass sie dies alles wirklich aus einem gewissen Abstand beobachten konnte, und sie fühlte auch keinerlei negative Emotion oder Kummer. Sie hatte jedoch ein sehr starkes Bedürfnis, ihre Lieben zu trösten, und sie umarmte sie voller Liebe. Sie schienen es nicht zu bemerken, aber als sie ihren Enkelinnen die Wangen streichelte, begannen sie zu kichern und griffen sich an ihre Wangen. Zu ihrer Freude sah sie, dass die Mädchen alle beide die Trostbären, die sie ihnen geschenkt hatte, dicht an sich gedrückt hatten. Sie fand es sehr schön zu sehen, dass ihnen dies deutlich Trost spendete. Sie war sehr froh, dass sie diesem allen beiwohnen durfte und so zusammen mit ihren Lieben ihr Leben auf eine schöne Weise abrunden konnte. Sie bemerkte, wie das Bild langsam unscharf wurde und auf einmal war sie wieder zusammen mit ihrer Oma Zuhause und sie folgte ihrem Weg.

Als sie das Sanatorium erreichten sah sie, dass dies ein großes, weißes Gebäude mit goldenen Kuppeln war, welches von prächtigen Gärten umgeben wurde. Es schien so als ob auch dieses Gebäude durch das funkelnde Licht vibrierte, welches sie überall sah und fühlte. Sie liefen zusammen durch eine goldene Pforte nach drinnen. Überall wo Isabelle hinschaute, sah sie strahlende Seelen, die etwas von Krankenpflegern an sich hatten. Eine dieser Seelen kam lächelnd auf sie zugelaufen und brachte sie zu einem Zimmer. Oma kam mit bis zur Tür und nahm dann Abschied von Isabelle. „Wir werden einander schnell wiedersehen, Liebes.

Ruh Dich jetzt mal schön aus und genieße Deinen Aufenthalt an diesem herrlichen Ort." Sie umarmten einander und dann war Oma auf einmal verschwunden. Isabelle öffnete die Tür des Zimmers und sah einen wunderschönen Raum vor sich. Es war alles in hellrosa gehalten und in der Mitte des Raumes stand ein herrliches Bett mit einer Art Kuppel goldenen Lichtes darum herum. Das Bett hatte keine Füße und schwebte etwas über dem Boden. Isabelle fühlte, dass sie inzwischen doch sehr müde geworden war und sehnte sich danach, eben herrlich auszuruhen. Sie legte sich vorsichtig auf das Bett und fühlte sich ganz umgeben und durchtränkt von dem goldenen Licht. Es war eine wunderbare heilende Energie. Sie schloss ihre Augen und gab sich ihr völlig hin.

So blieb Isabelle eine Weile in dem Sanatorium, und sie genoss ihren Aufenthalt dort sehr. Ihr wurde bewusst, dass ihr das Leben auf der Erde doch viel abverlangt hatte, und sie kam vollkommen zur Ruhe. Nach einem Weilchen fühlte sie, dass sie wieder ganz erfrischt und aufgeladen mit der Energie von Zuhause war, und dass es für sie an der Zeit war, weiter zu gehen. Sie nahm Abschied von all den liebevollen Seelen, die während ihres Aufenthaltes dort so gut für sie gesorgt hatten, und sie verließ das Sanatorium voller Erwartung, was nun kommen würde. Sie spazierte genießend durch die wunderschöne Landschaft, als sie auf einmal in der Ferne ihre Oma auf einer Bank sitzen sah. Schnell lief sie auf sie zu und umarmte sie liebevoll. „Ich sehe, dass Du Dich wieder völlig erholt hast", sagte Oma zu ihr, „dann wird es jetzt Zeit für den nächsten Schritt. Kannst Du Dich noch erinnern, dass ich Dir von Deinem Lebensfilm erzählt habe? Ich werde Dich jetzt zu diesem Filmtheater bringen, wo Du alles, was Du während Deines Erdenlebens getan und erlebt hast, wiedersehen und auf unterschiedlichen Ebenen noch einmal erleben wirst. Wie ich Dir bereits erzählte, kannst Du hiervon sehr viel lernen und so Dein Leben auf Erden auf eine gute Weise abschließen. Kommst Du mit?" Und wieder waren sie zusammen unterwegs. Nach einer Weile erreichten sie einen hohen Berg. Oben auf diesem Berg stand wieder ein leuchtendes Gebäude. Auch dieses Gebäude hatte eine mächtige goldene Kuppel und war von prächtigen Gärten umgeben. Oma brachte sie in einen kleinen Saal. Dort standen zwei gemütliche Sessel und an der Wand hing eine Art Kinoleinwand. Sie setzten sich und langsam erlosch das Licht. Isabelle sah auf der Leinwand ihr ganzes Leben an sich vorbeiziehen, genauso wie ihre Oma es ihr auf ihrem Sterbebett beschrieben hatte, und sie fand es sehr speziell und lehrreich.

Als sie das Gebäude mit dem Filmsaal wieder verließen, standen draußen all die lieben Seelen, die auch bei ihrem Wiedersehen dabei gewesen waren, und warteten auf sie und mit Oma zusammen schloss sie sich ihnen an und vereinigte sich so Zuhause wieder mit all ihren Lieben. Sie erzählten ihr, dass sie noch eine schöne Überraschung für sie hätten und voller Erwartung lief sie mit der Gruppe mit. Sie wusste nicht genau, was sie erwarten würde, aber sie bemerkte, dass alle sehr aufgeregt und glücklich waren, also harrte sie voller Vertrauen und Neugierde der Dinge, die da kommen würden. Wiederum wurde sie überrascht von der schönen und liebevollen Umgebung, in der sie sich jetzt befand. Wirklich alles strahlte Liebe und Licht aus, und sie fand es herrlich, hier sein zu dürfen. Nachdem sie kurze Zeit gegangen waren, erreichten sie wiederum ein großes, weißes Gebäude mit gläsernen

Kuppeln. Von allen Seiten sah sie Seelen in dieses Gebäude hineinlaufen. Sie waren alle sehr fröhlich und ausgelassen. Als sie drinnen ankamen, wusste sie nicht, ob sie ihren Augen trauen konnte. Es erschien wie ein Konzerthaus, aber so unbeschreiblich schön, dass sie es fast nicht glauben konnte. Überall standen herrlich duftende Blumen in großen weißen Marmorvasen. Die Mauern waren mit weichem, violettem Samt beschlagen und an der Decke hingen die allerschönsten Kronleuchter, die sie jemals gesehen hatte. Plötzlich erklang ein Gong und sie ging mit den anderen zusammen in einen prächtigen Saal, wo ein großes Orchester auf sie wartete. Sie nahmen in herrlichen Sesseln mit weichem Polster Platz und voller Vorfreude wartete sie ab, was geschehen würde.

Das Licht wurde gedimmt und das Gemurmel verstummte. Dann begann das Orchester zu spielen und Isabelle wusste nicht, wie ihr geschah. Diese Musik war so überwältigend, so schön, so etwas hatte sie ihr Leben lang noch nicht gehört. Besonders beeindruckend war, dass sie die Musik nicht nur hören, sondern auch fühlen konnte. Es war als ob eine warme, liebevolle Decke über sie gelegt wurde und sie fühlte so viel Freude und Liebe, dass ihr Tränen der Rührung über die Wangen kullerten. Sie wusste nicht, wie lange sie der himmlischen Musik gelauscht hatte, aber plötzlich hörte sie einen Riesenapplaus und sah, dass alle Seelen in dem Saal aufgestanden waren. Es war, als ob sie aus einer Trance erwachte. Was war das für eine fantastische Erfahrung.

Als sie wieder draußen waren, schaute sie ihre Oma strahlend an und bedankte sich bei ihr, dass sie sie hierher mitgenommen hatte. „Liebes, wir wollten Dich die Liebe und die Harmonie, die hier Zuhause herrscht, vollkommen spüren lassen. Hier ist Musik unheimlich wichtig. Du hörst nicht nur danach, sondern es ist auch eine beglückende Erfahrung, wie Du selbst hast merken können. Damit kannst Du Dich vollständig aufladen und die Töne sind besonders heilend. Es werden hier viele solcher Konzerte gegeben. Das ist die optimale Art und Weise, die Energie von Zuhause völlig erfahren zu können." „Ich habe es total genossen, und ich komme sicher noch oft an diesen fantastischen Ort zurück", sagte Isabelle noch immer alles nachgenießend, was sie gerade erlebt hatte.

„Und jetzt, was tun wir jetzt?" „Wir suchen zusammen einen Platz, wo Du wohnen wirst", antwortete Oma. „Dies darfst Du ganz alleine bestimmen und auch wie dieser Wohnraum dann aussehen wird. Dann gehst Du eine Weile auf Entdeckungsreise, um zu erkunden, wie das Leben Zuhause so aussieht. Aber denke daran, alles geschieht hier durch die Kraft der Gedanken. Was Du denkst, wirst Du sogleich erfahren. Das ist etwas, woran Du Dich sicher erst mal gewöhnen musst." Das hatte Isabelle in der Tat schon bemerkt. Sie brauchte nur an irgendetwas zu denken, und schon war es da. Dies erforderte schon noch etwas Übung, aber es erschien ihr gerade schön, damit zu spielen, um es auf die Reihe zu bekommen.

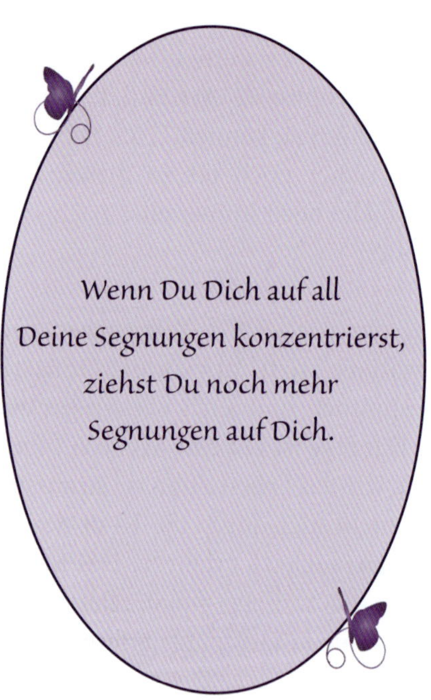

Wenn Du Dich auf all
Deine Segnungen konzentrierst,
ziehst Du noch mehr
Segnungen auf Dich.

Er-Innerungen

So genoss sie eine Zeitlang ihren Aufenthalt Zuhause. Sie hatte einen schönen und bequemen Platz für sich selbst kreiert und fand es herrlich in der wunderschönen Natur umher zu spazieren. Oft wurde sie durch die liebevolle Anwesenheit einer oder mehrerer Seelen ihrer Seelenfamilie begleitet. Sie verbrachte ebenfalls viel Zeit in den Konzertsälen und genoss jedes Mal wieder intensiv die herrliche Musik. Sie bemerkte, dass sie durch viel Übung auch besser mit der Gedankenkraft umgehen konnte und seltener das Bedürfnis hatte, irdische Dinge zu manifestieren. Sie begann sich in der Seelenwelt immer mehr Zuhause zu fühlen. Am Anfang schaute sie noch häufiger eben nach ihren lieben Angehörigen, die sie auf der Erde zurückgelassen hatte, aber als sie feststellte, dass diese Seelen, aufgrund der Tatsache, dass ein Großteil ihrer Seelenenergie einfach noch Zuhause war und diese auch während des Schlafens jedes Mal wieder nach Hause kamen, hatte sie immer seltener das Bedürfnis danach. Ihre freudigen Treffen fanden ab einem bestimmten Moment vor allem Zuhause statt.

Viele Dinge waren ihr jetzt sehr deutlich geworden, aber sie

merkte, dass sie doch auch noch einige Fragen hatte. Sie dachte wieder an ihre liebe Oma, die sie so gut vorbereitet hatte auf ihre Heimkehr nach Hause und die sie so liebevoll in der ersten Zeit nach ihrem Übertritt begleitet hatte. Vielleicht könnte sie ihr die Antworten geben, nach denen sie noch suchte. Sie erinnerte sich daran, dass diese zu ihr gesagt hatte, dass sie nur an sie zu denken bräuchte und dass sie dann da sein würde. Also versuchte sie, in Gedanken mit ihr in Kontakt zu treten, und in dem Moment als sie das tat, stand Oma schon mit einem Lächeln auf den Lippen vor ihr. Sie war sehr glücklich, sie wieder zu sehen und erzählte ihr in allen Facetten, was sie schon alles erlebt hatte, und dass ihr schon so viel klar geworden war. „Aber ich habe noch ein paar Fragen und ich würde mich freuen, wenn du sie mir beantworten könntest", sagte sie dann zu ihrer Oma. „Natürlich möchte ich Dir gerne alles erklären, also leg mal los, womit möchtest Du beginnen?", war die Antwort. Und Isabelle stellte ihre erste Frage.

„Ich bin jetzt schon wieder eine Weile Zuhause, und ich finde es hier wirklich herrlich. In diesem Moment kommt auch kein Gedanke in mir auf, wieder zurück auf die Erde zu gehen. Doch sehe und höre ich, dass es hier viele Seelen gibt, die sich mit der Vorbereitung ihres neuen Lebens auf der Erde beschäftigen. Aber warum wollen Seelen das eigentlich, hier ist es doch viel schöner?"

„Weißt Du", antwortete Oma, „wir kommen alle aus derselben Quelle. Es gibt verschiedene Namen für diese Quelle: Gott, das Universum, das Allumfassende und noch viel mehr. Aber ich nenne diese Quelle Gott. Eine Seele ist also eigentlich ein Teil Gottes, die unter anderem auf der Erde Erfahrungen sammelt, die sie nur in einem physischen Körper machen kann. Eine Seele will sich selbst nämlich immer weiterentwickeln und weiter wachsen. Das ist ihr natürliches Wesen. Selbstverständlich geht das auch Zuhause, aber auf der Erde geht es viel schneller. Das ist so, weil auf der Erde Dualität besteht und davon kannst Du als Seele sehr viel lernen. Einfach gesagt, wo wir ursprünglich herkommen, da ist nur Licht und Liebe, wie Du bemerkt hast. Und weil jede Seele gerne erfahren möchte, was es bedeutet Licht und Liebe zu sein, gehen wir auf die Erde. Auch das Licht einer brennenden Kerze kommt nicht zur Geltung an einem Ort, wo alles hell ist. Mit anderen Worten, an einem Ort, wo alles schon hell ist, kann eine Seele nicht erfahren, was es bedeutet, Licht zu sein. Die Erde ist ein äußerst geschickter Ort, um genau zu erfahren, wer wir wirklich sind, nämlich Licht und Liebe. Auf der Erde kannst Du Gegensätze erfahren und Dich immer bewusster dafür entscheiden, Licht und Liebe zu sein. Gerade durch das Bestehen dieser Dualität kannst du erfahren, was es bedeutet ein Licht im Dunkeln zu sein. Aufgrund des freien Willens kannst Du Dich jederzeit für das Dunkle oder das Licht entscheiden."

„Aber warum soll eine Seele das Dunkle wählen?", fragte Isabelle überrascht.

„Eine Seele geht unter Erhalt ihres freien Willens auf die Erde, somit steht nichts ganz fest, nur in groben Zügen. Dies bedeutet, dass die Seele alles erfahren kann und darf, was sie möchte. Schöne Dinge, aber auch weniger schöne Dinge. Aus den weniger schönen Erfahrungen kann eine Seele oft das Meiste lernen. Sie lernt, was sie wirklich nicht mehr erfahren möchte und entscheidet sich dann ganz bewusst dafür, zu dem zurückzukehren, was sie

gerade wohl erfahren möchte. Alles hat auf Seelenniveau immer ein positives Ziel, nämlich als Seele in Bewusstsein, Weisheit, Liebe und Licht wachsen zu können. Jeder ist auf der Suche nach Licht und Liebe, obwohl das aus menschlicher Sicht betrachtet, vielleicht auf eine seltsame Art geschieht. Das Problem ist, dass Du, wenn Du in einen menschlichen Körper eingetreten bist, die Totalübersicht nicht mehr hast, die Du als Seele wohl hast. Deshalb sind manche Dinge auf menschlicher Ebene sehr schwierig zu verstehen und zu erklären. Mit dem menschlichen Verstand wirst Du dann in der Tat sagen: „Wofür soll das alles gut sein und warum so schwierig und grausam?" Und trotz alledem ist es so, dass Du Dich auf Seelenniveau selbst für alles entschieden hast. Nichts passiert umsonst. Auch ein Leben, das unter menschlichen Gesichtspunkten fürchterlich erscheint. Es geht hierbei um Erfahrungen, die eine Seele machen möchte, um in ihrem Bewusstsein wachsen zu können. Eine Seele möchte nun mal alles einmal erfahren haben, also sowohl die schwierigen Dinge als auch die einfachen. Und dies ist oft mit dem menschlichen Verstand, ganz schwer zu begreifen. Wenn Du dann nach Deinem Tode wieder Zuhause bist, dann hast Du einen vollständigen Überblick und Du begreifst es wieder. Manchmal nicht direkt, aber dann wird Dir eine andere Seele dabei helfen, so wie ich es jetzt für Dich tun darf.

Wenn sich eine Seele dafür entscheidet, in einen menschlichen Körper einzutreten, macht sie dies also, um Erfahrungen zu sammeln mit deren Hilfe sie als Seele wachsen kann. Und wie seltsam das vielleicht auch klingen mag, dazu gehören auch Krieg und Gewalt. So wie ich bereits sagte, möchte eine Seele alles einmal erfahren haben. Beispielsweise Opfer und Täter zu sein,

Mann und Frau, reich und arm, jung sterben und alt sterben und so weiter. Eine Seele wählt wirklich auf Seelenniveau selbst ein schwieriges oder leichtes Leben. Wenn Du nach Deinem Leben wieder nach Hause zurückkehrst, bist Du als Seele gerade für die Wachstumsmomente, die Du auf der Erde erfahren durftest, sehr dankbar. Wiederum geschieht dies auf Seelenniveau, wovon Du in Deinem menschlichen Sein nahezu keine Vorstellung hast.

Du kannst das Leben auf Erden gleichwohl als eine Art Studienreise ansehen. Du willst dort als Seele allerlei Erfahrungen sammeln und Lektionen lernen. Aber auch das Menschsein und den Planeten Erde genießen. Du wächst mit all diesen Erfahrungen und Du wirst dadurch weiser. Dies nimmst Du dann wieder alles mit nach Hause. Alles ist schließlich eine Lektion. Eine Lektion in dem Er-Innern, wer Du wirklich bist, nämlich Licht und Liebe. Und je mehr eine Seele dies schon während ihres Lebens auf Erden begreift, desto besser kann sie diese Liebe ausstrahlen. Das ist letztendlich Sinn und Zweck des Lebens auf Erden. Er-Innern, wer Du wirklich bist."

„Dankeschön für diese deutliche Erklärung, jetzt verstehe ich es ganz", sagte Isabelle glücklich. „Aber wie viele Leben braucht eine Seele eigentlich, um alles auf Erden erfahren zu können, was sie dort erfahren möchte?"

„Wie viele Leben eine Seele auf Erden leben will, ist für jede Seele anders. Es gibt hierfür keine bestimmte Anzahl. Du wirst alles zuerst selbst erleben müssen, um es wirklich begreifen zu können. Du weißt erst, was es bedeutet Schmerzen zu haben, wenn Du sie selbst gefühlt hast. Du weißt einen gesunden Körper erst zu

würdigen, wenn Du auch krank gewesen bist. Du kannst Dich viel besser in einen anderen der Kummer hat, hineinversetzen, wenn Du das selbst auch schon erlebt hast. Du lernst erst, was Willenskraft ist, wenn Du Deine Probleme selbst zu überwinden weißt. So gibt es sehr viele Erfahrungen, die Du als Seele einmal gemacht haben möchtest. Du kannst dir vorstellen, dass viele Leben nötig sind, um alles erleben, fühlen und mitmachen zu können. Dann erst bist Du als Seele zufrieden und dazu bereit, Zuhause andere Aufgaben zu erfüllen und nicht mehr auf die Erde zurück zu gehen. Die Weisheit einer Seele ist nicht immer aus der Anzahl ihrer Inkarnationen abzulesen. Manche Seelen brauchen hunderte von Leben, eine bestimmte Lektion zu lernen, so wie zum Beispiel Mitgefühl. Manchmal brauchen einige Seelen etwas länger, eine bestimmte Lektion zu lernen, ebenso wie manche Studenten hier auf der Erde. Aber alle hochentwickelten Seelen sind alte Seelen und ich meine damit nicht ihr Alter, sondern ihr Bewusstseinsniveau.

Wenn eine Seele zum allerersten Mal auf die Erde kommt, dann wirst Du Dir denken können, dass sie in der Vorschule, wie es auf der Erde heißt, beginnen muss. Im nächsten Leben wird sie dann in die erste Klasse gehen, danach in die zweite, bis sie die höchste Stufe der Universität durchlaufen hat. Dann endet der Reinkarnationszyklus und sie wird Zuhause auf andere Art weiter wachsen. Es kann aber auch vorkommen, dass eine Seele mehrere Leben benötigt, um die Vorschule zu absolvieren oder dass sie in nur einem Leben mehrere Klassen absolviert. Hierfür gibt es kein festes Muster. Es hängt ganz vom Bewusstsein der Seele und den Lektionen ab, die sie auf der Erde gelernt hat und wie gut sie ihr Bestes gegeben hat. Eigentlich ist es für eine

Seele auf der Erde genauso wie für Menschen in der Schule. Um dieselben Lektionen zu lernen, braucht deshalb die eine Seele mehr Leben als eine andere Seele. Die Zeit, die dann zwischen den Inkarnationen liegt, kannst Du in etwa mit den Sommerferien auf der Erde vergleichen. Du ruhst Dich genüsslich aus und schöpfst neue Energie bevor Du das nächste Schuljahr beginnst oder das letzte Schuljahr noch einmal wiederholst. Wenn letzteres der Fall ist, kannst Du in Deinen „Ferien" Nachhilfeunterricht nehmen, sodass Du etwas besser vorbereitet bist als das letzte Mal und es vielleicht einfacher für Dich ist, im nächsten Leben in die folgende Klasse durchzustarten."

„Und wie viel Zeit liegt meistens zwischen zwei Leben?"

„Wie lange es dauert bevor eine Seele wieder auf die Erde zurückkehrt, ist sehr unterschiedlich. Manche Seelen entscheiden sich dafür, schnell wieder zurückzugehen und dies geschieht dann oft auch innerhalb derselben Familie. Du hast dann beispielsweise die Situation, dass eine Seele, die zuerst ein Opa war, jetzt wieder als ein Kleinkind in diese Familie zurückkehrt. Aber meistens entscheiden sich Seelen doch dafür, längere Zeit Zuhause zu sein. In irdischer Zeit gerechnet, können das ein paar Jahre oder hunderte von Jahren sein. Eine Seele fühlt selbst sehr gut, wann und ob es wieder an der Zeit ist, die Reise auf die Erde zu machen. Dies ist für eine Seele immer eine freie Entscheidung und auf Seelenniveau beginnt sie dann wieder voller Freude ein neues Abenteuer."

„Aber wie ist es denn mit den Seelen, die nur ganz kurz auf der Erde sind und dort als Kind sterben?", war Isabelles nächste Frage.

„Kinder sterben nicht zufällig. Es sind immer sehr weise Seelen, die eine besondere Verpflichtung auf sich genommen haben, Herzen auf eine Art und Weise zu berühren, wie niemand anders das kann. Ungeachtet der Umstände ihres Todes geben sie immer selbstlos das Geschenk der Liebe. Hier Zuhause gibt es einen speziellen Ort für alle Kinderseelen, die wieder heimkommen. Es ist wichtig, dass diese Seelchen mit Liebe und Sorge aufgefangen werden. Dass sie sich sicher und geborgen fühlen. Seelen, die diese Arbeit gerne übernehmen möchten, nehmen dann auch eine sehr wichtige Aufgabe auf sich. Du musst wissen, dass jede Seele mindestens einmal die Erfahrung gemacht haben möchte, auf der Erde jung, also als Kind zu sterben und Zuhause in die Kindersphäre aufgenommen zu werden. Aber dafür muss eine Seele in ihrem Bewusstsein schon weiter fortgeschritten sein, infolgedessen werden es auch immer weise Seelen sein.

Jedes Kind, das vor seinem 15. Geburtstag stirbt, kommt als Seele in die Kindersphäre. Es ist gut zu wissen, dass das frühe Sterben immer eine Bedeutung hat und dass es mit einer bestimmten Absicht passiert. Die Aufgabe, die diese Kinder auf Erden hatten, ist dann schon abgeschlossen. Der Zweck des Lebens ist erreicht. Sie brauchten hierfür keine siebzig oder achtzig Jahre. Eine Seele kann viele Gründe dafür haben, als Kind sterben zu wollen.

Seelen werden nicht so willkürlich Babys zugewiesen. Seelen wissen immer von vornherein, ob ein Baby ausgetragen wird. Oft ist es auch so, wenn eine Mutter aus welchen Gründen auch immer ihr Kind verliert, dass die Seele mit großer Wahrscheinlichkeit wieder zur selben Mutter als ihr nächstes Kind zurückkehren wird. Wenn diese Mutter kein Kind mehr zur Welt bringt, kann die

Seele als ein anderes Mitglied der Familie zurückkehren, weil das der ursprüngliche Plan war. Beim Sterben eines Kindes kurz vor, während oder nach der Geburt kann es sein, dass die Umstände, die diese Seele gebraucht hat, um in einem Menschenleben wachsen zu können, sich plötzlich verändert haben. Aufgrund dessen kann sie ihre Lebenslektionen nicht mehr optimal erlernen oder eine wichtige Erfahrung nicht mehr machen. Die Seele zieht sich dann zurück und wartet auf einen besseren Zeitpunkt. Dies kann also sicher wieder in derselben Familie sein. Auch kann es sein, dass eine Seele nur erfahren möchte, wie es ist, in der sicheren Umgebung einer warmen und liebevollen Gebärmutter zu sein oder eben nur den Geburtsprozess zu erleben. Ein langes Menschenleben haben diese Seelen dann einfach nicht nötig. Sie machen die Erfahrung, die sie brauchen und gehen danach wieder zurück nach Hause.

Die Kindersphäre ist ein ganz spezieller und liebevoller Ort. Ich gehe auch regelmäßig dorthin, um mit den Kindern zu spielen und finde es immer sehr schön, dort sein zu dürfen. Es ist eine märchenhafte Gegend und sie steht voll mit wunderbaren Blumen in vielen fröhlichen Farben. Es hängen Schaukeln an den Bäumen und es gibt reichlich Spielzeug. Auch gibt es dort viele Vögel, Schmetterlinge, Kaninchen und andere Tierchen mit denen die Kinder spielen und kuscheln können. Du siehst dort überall kleine weiße Häuser mit roten Dächern und grünen Fensterläden. Es erscheint schon ein wenig wie ein Märchenland, wie ich schon sagte. Diese Umgebung ist so gestaltet, dass sich die Kinder hier ganz und gar sicher und Zuhause fühlen.

Zwischen diesen Häuschen steht auch ein etwas größeres weißes

Gebäude mit einer gläsernen Kuppel. Dies ist der zentrale Platz in der Kindersphäre. Die Seelchen kommen als erstes an diesen Ort, wenn sie von der Erde wieder nach Hause kommen. Hier können sie sich ausruhen und von ihrem Abenteuer auf der Erde erholen. Die Kinderseelen werden liebevoll aufgefangen und beruhigt. Auch werden allerhand Feste und besondere Ereignisse gefeiert. Ebenso ist dies der Begrüßungsraum für all die Seelen, die sich entschieden haben, für diese Kinder zu sorgen. Das Leben in der Kindersphäre ist unglaublich schön und voller Liebe und es herrscht eine himmlische Ruhe.

Ein Kind wird dort immer als erstes von einem schon verstorbenen Familienmitglied aufgefangen, zum Beispiel einer Oma oder einem Opa, einem Vater oder einer Mutter. Wenn das Kind noch keine Familie hat, die schon Zuhause ist, dann übernimmt diese Aufgabe jemand anders. Es sind spezielle Seelen, die sich für diese besondere Arbeit entschieden haben. Wenn später doch noch ein Familienmitglied nach Hause kommt, dann wird dieses, nachdem es sich ausgeruht hat, direkt in die Kindersphäre kommen und die Aufgabe der weiteren Begleitung und Versorgung übernehmen.

Die Kinder leben in kleinen Gruppen in den Häusern von denen ich schon erzählte. Sie leben hier zusammen mit ein oder zwei erwachsenen Seelen. Tag und Nacht werden die Kinder auf liebevolle Weise versorgt und begleitet. Es gibt immer erwachsene Seelen, die ihnen mit Rat und Tat zur Seite stehen. Jedes Kind bekommt die Aufmerksamkeit und Begleitung, die es braucht. In der Kindersphäre wird dafür gesorgt, dass die Kinder es dort so schön haben, dass sie ihre Eltern kaum, oder auf jeden Fall nur so wenig wie möglich, vermissen.

Die Kinder haben genauso wie auf der Erde einen normalen Tagesablauf. Sie gehen auch in eine Art Schule. Nur lernen sie hier andere Dinge als in den Schulen auf der Erde. Hier geht es nämlich nicht darum möglichst viel Wissen anzusammeln, sondern darum zu erlernen, bedingungslose Liebe und Respekt für alles und jeden zu haben. Wie lange eine Seele in der Kindersphäre bleibt, ist wiederum für jede Seele unterschiedlich, aber wenn sie dazu bereit ist, dann kann sie die Kindersphäre verlassen. Sie wird dann von ihrem geistigen Führer abgeholt und geht in die Sphäre, in die sie bezüglich ihres Bewusstseins gehört. Dort bereitet sich jede Seele auf ein nächstes Leben vor oder sie wählt eine Aufgabe aus, die sie gerne Zuhause erfüllen möchte."

„Wie schön", sagte Isabelle gerührt. „Es scheint mir wirklich ein toller Ort zu sein, und ich werde dort sicher mal vorbeischauen. Jetzt stellt sich mir noch eine andere Frage. Während meines Sterbeprozesses und Todes ist alles sehr ruhig und friedlich verlaufen. Aber natürlich hat nicht jeder ein ruhiges Sterbebett. Menschen sterben beispielsweise auch bei einem Herzanfall oder durch ein Unglück. Wie erfahren diese Seelen das Sterben?"

„Lasse mich damit beginnen, zu sagen, dass für jeden der Zeitpunkt und die Umstände seines Todes immer genau richtig sind. Ich meine dies selbstverständlich auf Seelenniveau. Niemand stirbt ohne seine Zustimmung auf Seelenniveau. Der Augenblick und die Art und Weise, wie jemand stirbt, sind nämlich ein sehr wichtiger Bestandteil dessen, was eine Seele auf der Erde erfahren möchte, um wachsen zu können. Wenn Du Zuhause, bevor Du in einem Körper geboren wirst, einen Lebensplan machst, entscheidest Du auch, wie lange Du leben

wirst. Die meisten Seelen entscheiden sich für ein langes Leben. Andere Seelen beschließen jedoch kürzer zu leben, entweder, weil sie nicht lange auf der Erde sein möchten, oder weil sie nur eine kurze Lektion zu lernen haben. Aber Du hast einen freien Willen und Du kannst dich jederzeit entscheiden, heimzukehren oder länger oder kürzer als Du ursprünglich gedacht hast, auf der Erde zu bleiben. Dieser Beschluss erfolgt dann auch wieder auf Seelenniveau. Jede Seele wählt also, bevor sie auf die Erde geht, selbst den Zeitpunkt und die Umstände aus, wie sie als Mensch sterben wird. Leider ist das mit dem menschlichen Verstand oft schwer zu begreifen.

Bist Du Dir Zeit Deines Lebens bewusst geworden, dass Du nicht Dein Körper, sondern eine Seele in einem Körper bist und dass Du nach Deinem Tode wieder nach Hause zurückkehrst, wirst Du den Übertritt viel einfacher vollziehen können. Selbst wenn Du durch ein Unglück oder sogar durch einen Mord ums Leben kommst. Du fokussierst Dich dann viel schneller auf das Licht. Du wirst Dir dessen und der Hilfe von Zuhause eher bewusst. Seelen verlassen ihren Körper immer ein paar Sekunden vor einem gewalttätigen Tod oder bei heftigen Schmerzen, sie bleiben jedoch noch in der Nähe des sterbenden Körpers bis die Silberschnur durchtrennt ist. Bei einer Katastrophe auf der Erde steht Zuhause auch immer eine „Armee" von Seelen bereit, um jeden einzelnen aufzufangen. Sie wissen nämlich schon vorher, dass dies passieren wird.

Wenn jemand plötzlich stirbt, ist er sich dessen, dass er gestorben ist, manchmal nicht direkt bewusst, und er ist noch sehr stark mit dem physischen Körper verbunden. Diese Seelen sind immer

von sehr viel Hilfe von Zuhause umgeben, aber gerade weil sie noch so mit dem physischen Körper verbunden sind, können sie diese Hilfe manchmal nicht annehmen. Als Mensch kannst Du diesen Seelen jedoch helfen, indem Du sie in Gedanken darauf hinweist, dass sie nicht mehr leben. Du kannst sie bitten, einmal zu versuchen ihre Haut zu berühren oder sich durchs Haar zu streichen. So machst Du sie auf die Tatsache aufmerksam, dass sie keinen physischen Körper mehr haben und sie somit das irdische Leben loslassen dürfen. Weise sie auf das Licht hin und ermutige sie sich darauf zu fokussieren und sobald sie das tun, kann die Hilfe von Zuhause sie auch besser erreichen und sie werden wie magnetisch davon angezogen. Die eine Seele sieht das Licht sogleich und bei der anderen dauert es etwas länger. Manchmal kann es auch sehr lange dauern bevor eine Seele das Licht sieht. Diese Seelen finden es sehr schwierig, ihr Leben auf der Erde loszulassen und weigern sich einfach das Licht zu sehen. Aber wie lange es auch dauern mag, es wird immer ein Moment kommen, in dem eine Seele das Licht sehen wird, mit und ohne Hilfe. Aber eine „herumirrende" Seele stellt eben auch nur einen Teil der Energie dieser Seele dar, ein Großteil ist nämlich einfach noch immer Zuhause als das „Höhere Selbst". Und auch dieser Prozess ist oft ein Bestandteil des Seelenplanes. Wenn sie bereit sind, werden diese Seelen von ihren geistigen Führern an die Hand genommen und können die irdische Energie loslassen, um sich wieder vollständig mit ihrem Höheren Selbst zu vereinigen."

„Und was geschieht eigentlich mit Seelen, die als Mensch auf der Erde Selbstmord begangen haben?"

„Wenn jemand sich selbst das Leben nimmt, kann es dafür viele Gründe geben. Es kann sein, dass eine Seele von vornherein schon geplant hat, dass sie in diesem Leben Selbstmord begehen wird. Dies ist dann eine Erfahrung, die sie machen möchte. Ein anderer Grund kann sein, dass sich eine Seele für ein sehr schweres Leben entscheidet, weil sie meint, dass sie dies bewältigen kann. Aber manchmal ist das leider nicht der Fall und dann läuft es anders und es ist doch zu viel für diese Seele. Aber es kann auch sein, dass eine Seele sich in diesem Leben für Selbstmord entschieden hat, gerade um anderen bei bestimmten Lektionen zu helfen. Daran siehst Du, dass Du Dir darüber nicht mal eben ein Urteil bilden kannst. Du kannst nämlich auf menschlichem Niveau nie den Grund kennen, warum jemand Selbstmord begeht. Hier Zuhause ist eine Welt reiner Liebe, wenn also eine Seele nach Hause kommt, weil sie es auf der Erde nicht mehr ausgehalten hat, wird diese trotzdem warm und voller Liebe umarmt. Jemand, der durch Selbstmord stirbt, wird gerade mit extra viel Liebe und offenen Armen empfangen, weil seine Seele unter Umständen gerade viel Unterstützung bei der Verarbeitung ihrer Entscheidung braucht.

Selbsttötung wird also Zuhause sicher nicht bestraft, so wie manche Menschen auf der Erde denken. Du hast dann zuweilen einfach nicht erreicht, was Du Dir als Ziel gesetzt hattest, erfahren zu wollen. Als Seele wirst Du Dich immer wieder dafür entscheiden, auf die Erde zurückzukehren, um doch noch zu lernen oder zu erfahren, was Du damals ausgelassen hast. Nur musst Du dann wieder ganz von neuem beginnen mit genau denselben Herausforderungen. Aber dadurch, dass alles, was Du als Seele auf der Erde erfährst einen Beitrag an Dein Wachstum leistet und Selbsttötung auch eine Erfahrung ist, wodurch Du etwas lernst, ist es niemals verlorene Zeit. Was schade ist, ist, dass jemand der an Selbstmord denkt, den Eindruck hat, dass er alleine damit ist. Niemand wird jemals seinem Schicksal überlassen. Von Zuhause ist immer viel Hilfe für die Seelen auf der Erde vorhanden, nur müssen diese auch offen dafür sein. Aber gerade das ist nun mal oft das Problem. Wenn jemand wirklich verzweifelt ist, verschließt er sich meist unbewusst aller Hilfe. Aber es kommt immer ein Moment, wo er diese Hilfe doch sehen und annehmen wird."

„Was ist es doch alles schön und liebevoll geregelt", seufzte Isabelle. „Du hast von alledem oft keine Ahnung, wenn Du als Seele auf der Erde bist. Ich weiß jetzt, dass dies durch den Schleier des Vergessens kommt, den Du sehr bewusst vor Deine Augen legst, wenn Du in einen menschlichen Körper eintrittst, aber jetzt ist es doch schön, das alles wieder zu wissen. Es gibt noch etwas, das ich Dich gerne fragen würde. Ich weiß noch, dass ich während meines Lebens auf der Erde gefragt wurde, ob ich Organspender werden wollte. Ich fand es in dem Moment keine wirklich tolle Idee und hab mich dann entschieden, dies nicht zu tun. Ich hatte dazu weiter keine Meinung, es fühlte sich für mich nun einmal nicht wie etwas an, wofür ich mich entscheiden wollte."

„Liebes, Du weißt ja jetzt, dass das Sterben wirklich ein sehr persönlicher Prozess ist. Er kann lange oder kurze Zeit dauern und ist für jeden anders. Die Organspende hat sicher einen Einfluss auf diesen Prozess. Vor allem auch, weil eine Seele nicht wirklich die Möglichkeit bekommt, in Ruhe von ihrem Körper und dem Leben Abschied zu nehmen. Organspende geht immer einher mit Hast und Stress. Zudem ist es auch für die Angehörigen ein

einschneidendes Ereignis. Es muss in sehr kurzer Zeit von einem geliebten Menschen Abschied genommen werden, der noch mit einem schlagenden Herzen im Bett liegt. Es ist oft sehr schwierig und unwirklich, auf diese Weise Abschied nehmen zu müssen. Aber wie Du inzwischen weißt, nimmt sich eine Seele immer ihre eigene Zeit und den eigenen Weg, den Körper zu verlassen. Wenn also ein Sterbeprozess über die Organspende verläuft, dann ist auch dies immer der freie Wille der Seele. Das kann unterschiedliche Gründe haben, die oft nur auf Seelenniveau zu verstehen sind. Vielleicht hat diese Seele mit einer anderen Seele abgesprochen, dies für einander zu tun. Hieran ist also sicher nichts richtig oder falsch. Aber es ist für die Menschen auf der Erde schon wichtig zu wissen, dies alles gut verstanden zu haben, wenn Du Dich für die Organspende entscheidest und dass es für den Sterbeprozess auf Seelenniveau sicherlich Folgen hat.

Aber wenn Du alles Für und Wider in Erwägung gezogen hast und Du entscheidest Dich ganz bewusst aus vollem Herzen und mit ganzer Seele für die Organspende, dann kann es natürlich niemals eine falsche Entscheidung sein. Auf Seelenniveau weißt Du dann einfach, dass es gut so ist. Und natürlich kann der Sterbeprozess dann etwas mühsamer sein, aber es ist immer Hilfe von Zuhause da, um Dir mit dem Übertritt zu helfen. Du kannst es auch mit dem Geborenwerden vergleichen. Jeder strebt danach, dies so reibungslos und schön wie möglich ablaufen zu lassen, aber manchmal kommen Komplikationen hinzu, wodurch dies nicht gelingt. Aber als Baby erholst Du Dich meist schnell davon. So ist es auch mit dem Sterben. Manchmal verläuft das Sterben, aus welchem Grund auch immer, etwas mühsamer, aber wenn Du den Übertritt erst einmal gemacht hast, dann bekommst Du

Zuhause immer alle Hilfe und Liebe, um Dich schnell wieder davon zu erholen."

„Und was bedeutet dann Euthanasie für eine Seele?", war Isabelles nächste Frage.

„Wie bei allem bereits Gesagtem gilt auch hier vom Seelenniveau aus betrachtet: Es gibt kein gut oder schlecht. Es kann die unterschiedlichsten Gründe dafür geben, dass sich eine Seele dafür entscheidet. Für die eine stellt das körperliche oder geistige Leid während einer langwierigen Krankheit eine Lektion oder Erfahrung dar, die sie gerade braucht, um als Seele zu wachsen. Auf diese Weise kann es sogar eine letzte, sinnvolle Wachstumsphase sein. Aber die andere braucht das eigentlich nicht. Nur die betreffende Person selbst kann diese Entscheidung aus einem tiefen inneren Gefühl heraus treffen. Dann wird es von selbst klar. Entscheidest Du Dich für Euthanasie, obwohl Dein ursprünglicher Plan vorsah, dass Du die Schmerzen ertragen würdest, dann ist immer noch nicht viel passiert. Es ist für die Seele nur eine „verpasste Chance" in diesem Leben."

„Was erfährt eigentlich jemand, der im Koma liegt?"

„Jemand, der im Koma liegt, schwebt zwischen zwei Welten. Die Seele ist zum einen Teil noch auf der Erde anwesend, ist aber teilweise auch schon Zuhause. Sie ist im einen Moment in ihrem Körper und im nächsten wieder nicht. Sie pendelt gewissermaßen hin und her. Es ist von großer Bedeutung zu wissen, dass diese Seele selbstverständlich alles sehen und hören kann. Vielleicht nicht über den menschlichen Körper,

sicher doch wohl auf Seelenniveau. Deshalb ist es gut, dem auf menschlichem Niveau Rechnung zu tragen, wenn Du bei jemandem bist, der im Koma liegt. Es ist wichtig, immer liebevoll mit dieser Person umzugehen. Sie ist für Emotionen anderer und für subtile Berührungen besonders empfänglich. Jemand, der im Koma liegt, kann sich oftmals selbst liegen sehen und kann auch sehen, was um ihn herum geschieht. Man sieht den eigenen Körper und die Familie oder Freunde um das Bett herum stehen. Wie ich Dir schon zuvor erzählte, ist eine Seele über die Silberschnur mit ihrem Körper verbunden. Es ist sozusagen die Nabelschnur der Seele. Solange diese Schnur nicht durchtrennt ist, kann eine Seele sich nicht ganz von ihrem Körper lösen, auch wenn sie sich einen Großteil der Zeit nicht mehr darin aufhält. Erst in dem Moment, wenn die Schnur durchtrennt ist, kann eine Seele ihren Körper loslassen und er wird sterben. Manchmal ist es für eine Seele sehr schwierig, ihren Körper loszulassen und die Silberschnur zu durchtrennen. Daher kann es vorkommen, dass jemand jahrelang im Koma liegt. Dies alles gilt übrigens auch für Menschen mit Demenz. Auch sie halten sich schon einen Großteil der Zeit Zuhause auf. Auch hierfür gibt es wieder eine Anzahl von Gründen, dass eine Seele sich dafür entscheidet, dies erfahren zu wollen. Und nur diese Seele selbst weiß, welche das sind….."

Isabelle hatte atemlos dagesessen und all dem gelauscht, was ihre liebe Oma ihr erzählte. Sie bemerkte auch, dass sie tief in ihrem Innern schon viel wiedererkannte von all dem, was sie hörte und sie begann, sich immer mehr daran zu erinnern. Nach und nach wurden ihr viele Dinge wieder ganz klar. Und doch gab es noch etwas, worüber sie gerne mit Oma sprechen wollte. „Die vielen

Male, die ich kurz auf die Erde zurückkehrte, um meine liebe Familie zu besuchen und zu trösten, empfand ich es manchmal als sehr schwierig, ihren Kummer und Kampf mit anzusehen. Wie kannst Du eigentlich als Mensch am besten damit umgehen?"

„Das ist eine sehr gute Frage", antwortete ihre Oma. „Wie Du inzwischen weisst, ist die Seelenwelt kein Ort weit weg von der Erde, sondern in Wirklichkeit befindet sich diese sogar einfach im alltäglichen Leben um die Menschen herum. Sie hat nur eine andere Energieschwingung, aber Du kannst Dich als Mensch wohl darauf einstellen. Du kannst es auch mit einer Abstandsbedienung vergleichen. Wenn Du als Mensch auf Erden fernsiehst, hast Du einen bestimmten Sender eingeschaltet. Du siehst dann auch nur diesen Sender. Aber alle anderen Sender sind gewissermaßen auch in der Luft anwesend und um diese zu sehen, brauchst Du nur mit Deiner Abstandsbedienung einen anderen Sender einzustellen. Alle Sender sind über ihre Energieschwingung gleichzeitig und durcheinander vorhanden und das, was Du einstellst, bekommst Du zu sehen. Mit der Energie von Zuhause ist es genauso. Wenn Du als Seele auf der Erde bist, kannst Du Dich sicher darauf einstellen. Aber wenn du als Mensch sehr traurig bist, ist es für eine verstorbene Seele sehr anstrengend, Dich zu erreichen, weil sie ihre Energieschwingung dann ernorm erniedrigen muss. Deshalb wirst Du dann als Mensch versuchen müssen, Deine eigene Schwingung zu erhöhen, um so den Kontakt zu erleichtern.

Oft gelingt das sehr gut während des Schlafens. Das ist auch einer der Gründe, warum Hinterbliebene oft von ihren lieben Verstorbenen träumen. Als Seele auf der Erde gehst Du nämlich

jede Nacht wieder zurück nach Hause. Dies tust Du, um Dich selbst als Seele mit der Energie von Zuhause wieder aufzuladen und auch um hier zwischendurch neue Erkenntnisse und Erfahrungen zu sammeln, die Du dann in Deinem irdischen Leben wieder nutzen kannst, um Deinen Seelenplan bestmöglich auszuführen. Beim Einschlafen, löst sich Deine Seele langsam von Deinem Körper. Aber niemals ganz, Deine Seele bleibt immer mit einer energetischen Schnur, auch Silberschnur genannt, damit verbunden. Dies ist gewissermaßen die Nabelschnur der Seele. Solange diese Schnur nicht durchtrennt ist, kann sich eine Seele niemals vollständig von ihrem Körper lösen. Auch wenn sie einen großen Teil der Zeit nicht darin verbringt, zum Beispiel, wenn Du schläfst. In den Momenten finden auch Begegnungen mit lieben Verstorbenen statt. So könnt Ihr einander ungehindert des physischen, irdischen Bewusstseins treffen und einander Gesellschaft leisten bis es wieder an der Zeit ist, auf die Erde zurückzukehren. Es kann auch sein, dass Du während Deines Schlafes nicht nach Hause gehst, sondern als Seele eine liebevolle Hilfe und Unterstützung für andere bist, wo auch immer auf der Welt. Übrigens entscheidest Du Dich in dem Moment als Seele immer ganz bewusst hierfür.

Wenn Du als Seele wieder nach Hause gehst, fallen alle Deine menschlichen Gedanken, Gefühle und Gebräuche weg. Deshalb wird es für die Hinterbliebenen sehr gut sein, sich auf die Seele des Verstorbenen zu fokussieren. Das ist das, was übergetreten ist und es besteht nur aus purer, positiver und liebevoller Energie. Gerade wenn jemand gestorben ist, kannst Du gut erkennen und erfahren, dass der Körper nur eine Hülle war. Die Seele ist heraus und das siehst und fühlst Du, der Körper ist nicht mehr beseelt. Es ist jedoch für die Seele sehr wichtig, dass sich die Hinterbliebenen gut fühlen. Seelen haben selbst keine Vorlieben oder Meinungen mehr. Deshalb wäre es schön, wenn Du Dir nach dem Tode eines geliebten Menschen keine Gedanken mehr machst, was dieser von bestimmten Dingen denken oder halten würde. Von Zuhause aus betrachtest Du nämlich alles ganz anders als als Mensch.

Wie ich schon erwähnte, ist es für Seelen, die wieder Zuhause sind, sehr schwierig ihre Schwingungsfrequenz zu erniedrigen. Deshalb ist es für sie auch oft sehr anstrengend, sich auf welche Weise auch immer sehen oder fühlen zu lassen, wenn jemand sehr traurig oder zornig ist. Die Energieschwingung ist für sie dann einfach zu niedrig und andersherum ist die Energieschwingung der verstorbenen Seele für denjenigen, der traurig zurück geblieben ist, dann zu hoch, um sie wahrnehmen oder fühlen zu können. Es ist daher wichtig, als Hinterbliebener Deine Energieschwingung so gut wie möglich zu erhöhen, denn dann kann der geliebte Verstorbene Dich besser erreichen. Unter anderem kannst Du dies erreichen, indem Du Dich vor allem auf positive Gedanken und Gefühle fokussierst. Auch ist es häufig so, dass sie gerade dann, wenn jemand sehr entspannt ist, schneller ein Zeichen empfangen werden. Also je trauriger Du als Mensch bist, desto schwieriger ist es für eine Seele, auf Dich zuzukommen und Dich ihre Liebe fühlen zu lassen. Ihr befindet Euch dann einfach auf einer anderen Energiefrequenz und es ist für einen Menschen wirklich einfacher, diese zu erhöhen, als für eine Seele diese zu erniedrigen.

Trauern ist wirklich etwas, was wir Menschen tun. Seelen, die gerade gestorben sind, wissen nämlich, dass sie die, die sie

zurücklassen mussten, Zuhause wieder sehen werden. Deshalb sind sie auch nicht traurig, aber es ist ihnen ein Bedürfnis, ihre Lieben zu trösten. Sie wollen, dass es Dir gut geht und wenn Du als Mensch immer sehr betrübt bist und trauerst, wirst Du sie vielleicht davon abhalten, ihrem Weg zu folgen, weil sie meinen, sich um Dich kümmern zu müssen. Versuche deshalb, ihnen in erster Linie Liebe und gute, positive Gedanken zu schicken und gib ihnen Deine Zustimmung, ihren Weg weiter zu gehen. Sie werden Dich dann sicher nicht verlassen, sondern Dir auf eine positive Weise eher näher sein und Dir helfen und Dich unterstützen können, weil Du dann dafür empfänglicher bist.

Seelen können dem Menschen in jedweder Form erscheinen, die sie wollen, weil sie mit ihrer Energie spielen können. Sie sind nicht mehr an körperliche Grenzen gebunden. Daher erscheinen sie oft auch in Form eines Vogels oder Schmetterlings oder ähnlichem. Es ist also wichtig, für alles offen zu stehen und sich nicht auf etwas Bestimmtes zu fokussieren. Manchmal benutzen sie auch Gegenstände im Haus, um Deine Aufmerksamkeit auf sich zu ziehen. Mit zielgerichteter Energie können sie diese nämlich bewegen. Ein geliebter Verstorbener zeigt sich jedoch meist auf die Weise, wie er dem Anderen vertraut ist und in der er sich auch wohl fühlt. Aber nicht alle Seelen haben die gleichen Möglichkeiten zu kommunizieren. Das Senden und Empfangen von Botschaften ist eine Fähigkeit, die durch sehr viel Übung erworben werden muss.

Die meisten Seelen haben jedoch eigentlich keinen Bedarf daran, in Kontakt mit den Hinterbliebenen zu stehen. Ehrlich gesagt, haben sie etwas Besseres zu tun, als sich um die Menschen auf der

Erde zu bemühen. Solltest Du als Mensch Dir jedoch wünschen, dass eine Seele zu Dir kommt, wird dies wahrscheinlich auch geschehen, ob Du es nun bewusst wahrnimmst oder nicht. Wichtig zu wissen ist, dass Seelen selbstverständlich niemals wollen, dass ein Mensch von der Kommunikation mit ihnen abhängig wird, um auf diese Weise keine eigenen Entscheidungen mehr treffen zu müssen. Abschließend möchte ich gerne an dieser Stelle eines nochmals ganz deutlich machen: Niemand stirbt, ohne dass er alle Erfahrungen gemacht hat, wegen derer er auf die Erde gekommen ist. Alle Dinge geschehen auf Seelenniveau genau zur rechten Zeit und auf perfekte Weise. Aus der beschränkten Perspektive des Menschseins ist es jedoch leider nicht immer möglich, das gut zu erkennen. Die Kunst ist jedoch, als Mensch auf der Erde jemandes Tod nicht zu sehr zu beklagen. Du kannst selbstverständlich Deinen eigenen Verlust betrauern, aber wenn Du erkennen kannst, dass derjenige nicht wirklich weg ist, sondern auf einer anderen Ebene noch da ist und dass Du dies sicher fühlen und vielleicht sogar sehen kannst, wenn Du dafür offen stehst, dann kann das ganz viel Trost und Ruhe schenken. Liebe ist nämlich für ewig und wird uns auf immer verbinden. Liebe endet nicht mit dem körperlichen Tod! Liebes, ich hoffe, dass Dir dieses ein bisschen geholfen hat, um alles besser verstehen zu können", sagte Oma zu Isabelle. „Hast Du im Moment noch mehr Fragen?"

„Ich habe noch eine letzte Frage, die ich Dir gerne stellen möchte. Kannst Du mir etwas mehr über Zwillingsseelen erzählen? Als ich noch auf der Erde lebte, habe ich oft davon gehört, aber nie wirklich begriffen, was damit gemeint ist."

„Weißt Du, Zwillingsseelen sind eigentlich Seelen, die einfach eine unglaublich starke Verbindung zueinander haben. Manchmal leben sie zur gleichen Zeit auf der Erde, aber oft bleibt eine dieser Seelen Zuhause, um als geistiger Führer für die andere zu fungieren. Dadurch können dann beide wieder lernen und wachsen. Jeder kann Deine Zwillingsseele sein, Ihr müsst nur die gleiche Energiefrequenz haben. Deine Zwillingsseele ist kein spezieller jemand oder eine spezielle Seele, so etwas gibt es nicht. Das ist etwas, das der Mensch verherrlicht hat. Jeder mit dem Du eine Verbindung fühlst, ist sozusagen Deine Zwillingsseele, nicht mehr und nicht weniger. Weil Ihr dieselbe Schwingung habt, fühlt Ihr Euch voneinander angezogen und findet dieselben Dinge schön und zieht auch dieselben Dinge an."

„Wie komisch, genauso habe ich selbst auch immer darüber gedacht", sagte Isabelle. „Danke, liebe Omi, dass ich Dir all meine brennenden Fragen stellen durfte. Ich verstehe jetzt alles noch besser. Wie ist es doch alles schön geregelt. Als Mensch auf der Erde ist es oft so schwierig, das alles zu verstehen, aber aus der größeren Perspektive von Zuhause ist es alles so logisch und klar."

„Das ist sicher richtig, Liebes. Aber aus Sicht der Seele betrachtet, hat immer alles ein positives Ziel. Darüber wirst Du die kommende Zeit auch noch mehr lernen. Ich gehe jetzt wieder meinen anderen Beschäftigungen nach. Wenn Du mich benötigst, dann weißt Du ja, dass Du nur an mich zu denken brauchst und schon bin ich da." Oma umarmte Isabelle noch liebevoll und verschwand dann langsam aus ihrem Blickfeld.

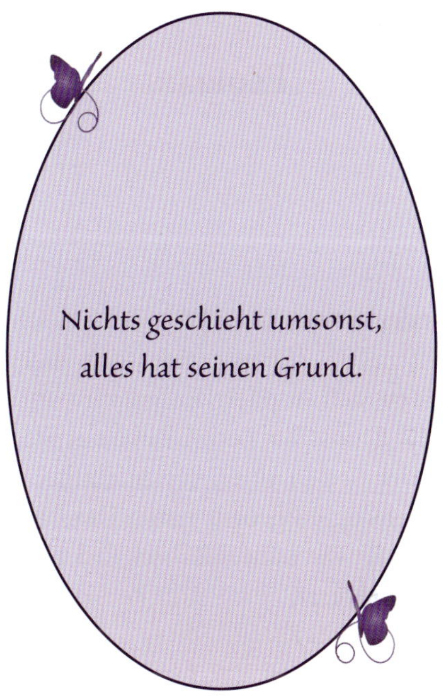
Nichts geschieht umsonst,
alles hat seinen Grund.

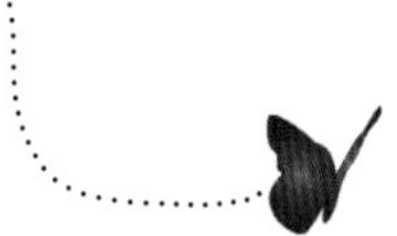

Florian

So verging wieder einige Zeit. Wie viel ist schwer zu sagen, weil der Begriff „Zeit" Zuhause eigentlich nicht existiert. Für eine Seele können sich hundert Erdenjahre anfühlen wie fünf Minuten. Isabelle genoss ihr Leben Zuhause. Sie verbrachte viel Zeit mit einer der Seelen ihrer Seelenfamilie, zu der sie eine sehr innige Beziehung aufgebaut hatte. Der Name dieser Seele war Florian, und sie war während ihres Erdenlebens einer ihrer geistigen Führer gewesen. Jetzt konnte sie sich wieder völlig daran erinnern, aber während ihres Lebens hatte sie keine Ahnung davon gehabt, und das fand sie eigentlich schon ein bisschen schade. Sie machten zusammen lange Spaziergänge durch die wunderschönen Gärten und führten ganz intensive Gespräche miteinander über alles und nichts. Während einer dieser Spaziergänge nahm Florian auf einmal ihre Hand und zog sie zu einer Bank. Als sie dann nebeneinander saßen, sagte er zu Isabelle: „Ich möchte Dich etwas sehr Wichtiges fragen. Du weißt ja, dass ich in Deinem letzten Leben einer Deiner geistigen Führer war. Jetzt ist der Zeitpunkt gekommen, dass ich auch wieder auf die Erde zurückkehre und ein neues Leben beginne. Ich fände es sehr schön, wenn Du dann mein geistiger Führer sein wolltest. Du würdest mir damit einen großen Gefallen tun."

Isabelle schaute ihn erschrocken an. „Aber das kann ich doch gar nicht. Ich weiß überhaupt nicht, wie das geht. Wie kann ich denn Dein geistiger Führer sein? Ich habe das Gefühl, dass Du viel weiser bist als ich. Es fühlt sich an wie die verkehrte Welt."

Florian antwortete: „Du weißt doch, wenn Du als Seele auf die Erde gehst, dass Du dann einen Schleier des Vergessens vor die Augen legst. Das bedeutet also, dass ich mich, sicher anfänglich, nicht erinnern werde, wo ich herkomme und wer ich wirklich bin. Aus dieser Perspektive betrachtet, wirst Du also sehr viel weiser sein als ich und mir als geistiger Führer beistehen können. Ich bin mir sicher, dass Du das kannst!"

„Wenn Du so viel Vertrauen in mich hast, dann traue ich mir das wohl zu. Ich empfinde es als eine große Ehre", antwortete Isabelle glücklich und überrascht.

„Wie bin ich froh, ich kann mir keinen besseren Führer vorstellen als Dich. Wir haben zusammen so eine schöne und beständige Verbindung, das kann nur gutgehen." Und er umarmte Isabelle inniglich. „Kommst Du dann jetzt mit mir mit? Ich habe einen Termin mit einem meiner Mentoren, die dabei sind, mich auf mein neues Leben auf der Erde vorzubereiten. Ich kann mir vorstellen, dass Du das auch interessant finden wirst, und es kann Dir vielleicht auch helfen, Deine Aufgabe als mein geistiger Führer demnächst leichter auszuführen."

Hand in Hand gingen sie zusammen weiter. Isabelle war ganz aufgeregt und glücklich und fieberte ihrer neuen zukünftigen Rolle entgegen. Sie war noch niemals jemandes geistiger Führer gewesen und freute sich sehr darauf, dies für ihren lieben Freund tun zu dürfen. Nachdem sie eine Weile gegangen waren, kamen sie zu einem wunderschönen Wald. Sie spazierten durch ihn hindurch bis sie zu einer Lichtung kamen. Zu Isabelles Überraschung standen hier drei bequeme Sessel. Auf einem dieser Sessel saß eine prächtige Seele, die aussah wie ein orientalischer Prinz. Sie trug ein langes violettes Gewand und hatte einen schönen Turban mit einem funkelnden Diamanten in der Mitte auf ihrem Kopf. Florian lief auf sie zu und umarmte sie fest. Danach stellte er sie Isabelle vor. „Dies ist einer meiner Mentoren, der mir mit den Vorbereitungen meiner Reise zur Erde hilft. Sein Name ist Eliah." Auch Isabelle wurde liebevoll von ihm umarmt. Er wies auf die Sessel und bat sie, dort Platz zu nehmen. Als sie alle drei saßen, sagte Eliah mit einem freundlichen Lächeln: „Ich nehme an, dass Du sie darum gebeten hast, sonst würde sie hier wohl nicht sitzen, oder?" Florian antwortete: „Ja sicher und zu meiner großen Freude hat sie ja gesagt." „Wie schön, dass Du das für ihn tun willst", wandte sich Eliah an Isabelle, „Du hast keine Ahnung, wie wichtig dies für ihn ist. Es ist eine der wichtigsten Absprachen, die Du als Seele mit einer anderen Seele machst, bevor Du auf die Erde gehst und es muss auch wirklich jemand sein, dem du voll und ganz vertraust und zu dem Du eine starke Beziehung hast. Während unserer früheren Treffen haben wir schon ausführlich darüber gesprochen und waren uns vollkommen einig, dass Du hierfür die perfekte Person wärest. Ich freue mich sehr für Florian, dass dies jetzt geregelt ist. Dann können wir jetzt mit den Lebenslektionen und Tipps für sein neues Leben auf der Erde fortfahren. Für Dich ist es wichtig, hier dabei zu sein, damit Du ihm demnächst auf die allerbeste Weise als sein geistiger Führer begleiten kannst."

Isabelle fühlte, dass diese lieben Worte sie etwas verlegen machten, aber sie war auch sehr glücklich und dankbar, dass sie bei diesem Treffen dabei sein durfte. Sie war sehr gespannt auf das, was da alles kommen würde.

Eliah begann wieder zu sprechen. „Ich werde Euch jetzt einige Dinge erzählen, die zu wissen wichtig sind, bevor Du als Seele auf die Erde gehst. An vieles davon wird sich Florian später während seines Lebens in erster Instanz nicht mehr erinnern können. Deshalb ist es auch so wichtig, dass Du nun hier dabei bist, Isabelle. Du kannst ihm dann helfen, sich wieder an all dies zu erinnern und das wird sein Leben auf der Erde ein Stück einfacher machen. Dies ist die Vereinbarung, die Ihr jetzt hier zusammen trefft. Das wird dann auch Deine wichtigste Aufgabe als sein geistiger Führer. Seid Ihr dazu bereit?" Und Eliah begann zu erzählen.

„Wenn Du als Seele beschließt, auf die Erde zu gehen, erklärst Du Dich als erstes dazu bereit, in dem Moment, wo Du mit der Erde Kontakt aufnimmst, vollkommen zu vergessen, wer Du wirklich bist und wo Du herkommst. Du entscheidest Dich also ganz bewusst hierfür. Der Zweck des Spiels, welches Du auf der Erde spielen wirst, ist, dass Du versuchen wirst, Dich selbst zu erinnern, wer Du wirklich bist. Also eine strahlende Seele in einem menschlichen Körper. Es geht auch darum, dass Du Dich selbst erinnerst, dass Du gewissermaßen einen Schleier

des Vergessens vor die Augen gelegt hast und dass Du versuchst diesen Schleier so dünn wie möglich werden zu lassen und so viel wie möglich Licht und Liebe auf die Erde zu bringen und anderen Seelen zu helfen, sich auch wieder zu erinnern, wer sie wirklich sind. Dies gelingt natürlich nicht so eben mal in einem Leben. Eine Seele braucht hierfür viele Leben. Wie viele das sein werden, hängt von der Entwicklung einer Seele pro Leben ab.

Zuvor triffst Du Zuhause Vereinbarungen mit anderen Seelen, was Ihr miteinander auf der Erde erfahren und erleben wollt. Diese werden Lebensverträge genannt. Du wählst also nicht nur selbst Deine Eltern aus, sondern auch Deine eventuellen Brüder, Schwestern, Geliebten, Freunde, Nachbarn und weitere Personen. Ebenfalls bestimmst Du mit Hilfe Deiner geistigen Führer, welches Deine Lebenslektionen auf der Erde sein sollen und wie sie umgesetzt werden können. So kannst Du immer alle Erfahrungen, die Du machen möchtest, während Deines Lebens auf der Erde erfahren. Aber eins ist sehr wichtig. Du behältst immer Deinen freien Willen, also steht nichts vollkommen fest, sondern nur in groben Zügen. Deshalb machst Du auch für den Fall, dass eine bestimmte Vereinbarung aus irgendeinem Grunde nicht klappt, eine Art Reserveplan. Auch machst Du einen Lebensvertrag mit jemand, der auf der Erde Deinen sogenannten „Feind" spielen wird. Um diese Rolle für jemanden spielen zu können, braucht es schon sehr viel Liebe und Vertrauen. Auf der Erde vergisst Du nämlich immer völlig, wer Du wirklich bist, also ist es für diese Seele besonders schwierig. Auch wählt eine Seele bevor sie auf die Erde geht selbst den Zeitpunkt und die Umstände aus, wie sie sterben wird. Dies überkommt Dich also nicht einfach so. Es gibt immer eine Absprache auf Seelenniveau.

All diese Vorbereitungen finden in einer Art Filmsaal statt, wo alle Sphären beieinander sein können. Dies ist ein besonderer Ort mit einer bestimmten Energie in der sich alle Seelen wohl und beschützt fühlen. Du siehst, dass eine Seele wirklich nicht einfach so beschließen kann, auf die Erde zu gehen und dann einfach ins tiefe Wasser springen kann. Es ist ein ganzer Prozess, der dem vorausgeht, obwohl eine Seele schon hunderte von Leben auf der Erde gewesen ist."

„Aber eins verstehe ich noch nicht so ganz", sagte Florian. „Wenn ich nun meine Eltern für mein kommendes Leben selbst aussuche, bedeutet das doch, dass diese schon auf der Erde sind?"

„Ja, das ist richtig. Aber sie können doch auf Seelenniveau hier anwesend sein, während die Vereinbarungen getroffen werden. Oft passiert dies während ihres Schlafes und immer mit Hilfe ihres Höheren Selbst. Du kannst diese Vereinbarungen auch schon getroffen haben bevor sie auf die Erde gingen, dieses Mal trifft das aber auf Dich nicht zu. Auf Seelenniveau sprichst Du dann mit Deinen Eltern ab, wann Du geboren wirst. Wenn der Moment der Empfängnis da ist, nimmst Du als Seele mit der ungeborenen Frucht Kontakt auf. Schon ab diesem Moment bist Du also mit der Frucht, die Dein menschlicher Körper werden wird und mit Deiner Mutter verbunden. Das endgültige Eintreten erfolgt erst in dem Moment, wenn das Ungeborene groß genug ist, dass die Mutter es fühlen kann. Bis dahin gehst Du jedoch regelmäßig zusammen mit Deinem geistigen Führer auf die Erde, um eine Menge auszukundschaften und Dich umzusehen, ob alles, was Du geplant hast, noch gut geht. Du kannst immer noch beschließen, doch nicht auf die Erde zu gehen, wenn dort Veränderungen

eintreten, die Du nicht schön findest oder aufgrund derer eine oder mehrere Vereinbarungen nicht durchführbar sein werden. Sichtbar bist Du für die Menschen um Dich herum dann nicht, aber Deine Mutter kann, wenn sie dafür empfänglich ist, Deine Gegenwart schon fühlen. Auf Seelenniveau kannst Du dann bereits mit ihr kommunizieren.

Das wirkliche Eintreten in einen Körper ist für eine Seele nicht so einfach. Du musst Dich nämlich an die niedrigere Energieschwingung der Erde anpassen ohne den Schutz, den Du in der Zeit zuvor um Dich herum gehabt hast. Eine Seele muss sich erst sehr daran gewöhnen. Der Platz in einem Körper ist für die hohe Energie einer Seele beschränkt, und es fühlt sich am Anfang sehr eng an. Aber Du hast genug Zeit, bevor Du geboren wirst, Dich an dieses Gefühl zu gewöhnen.

Als Baby bist Du dann noch eng mit Zuhause verbunden. Ein Baby steht nämlich zum Teil noch über die offenen Fontanellen mit Zuhause in Verbindung und ist auch noch immer stark darauf ausgerichtet. So kann es noch deutlich seine geistigen Führer und alle Engel sehen, die um es herum sind. Das kannst Du manchmal als Mensch gut beobachten, wenn Du hierauf achtest. Wenn ein Baby in seinem Bettchen liegt, siehst Du häufig, dass es nach oben schaut, und dass es dann aufgeregt mit seinen Beinchen zu strampeln beginnt und Glucks-Geräusche von sich gibt. Es sieht dann Dinge, die andere in dem Moment nicht wahrnehmen können und die machen es sehr glücklich. Nach und nach nimmt diese Verbindung mehr und mehr ab und so rund um das dritte Lebensjahr ist sie bei den meisten Kindern fast ganz verschwunden, bis auf wenige Ausnahmen. Diese Kinder bleiben weiterhin in Verbindung mit Zuhause und können dann noch immer Verstorbene, geistige Führer und Engel sehen."

„Darf ich etwas fragen?" unterbrach Isabelle ihn ein wenig verlegen.

„Natürlich, Ihr dürft mich alles fragen, was Ihr wissen wollt. Dafür sind wir hier auch beieinander", antwortete Eliah lachend. „Was möchtest Du fragen?"

„Gehen Seelen eigentlich immer auf die Erde?"

„Seelen können zu unterschiedlichen Planeten reisen, um Erfahrungen zu sammeln. Meist entscheiden Sie sich zu Beginn ihres Reinkarnationszyklusses für einen bestimmten Planeten, wohin sie immer wieder zurückkehren werden, wobei sie womöglich hin und wieder einen „Ausflug" auf einen anderen Planeten machen werden, wenn dies für ihre Entwicklung von Bedeutung ist. Was auch gut zu wissen ist, ist, dass eine Seele selbst geschlechtslos ist, aber doch häufig eine Vorliebe für ein bestimmtes Geschlecht hat. Sowohl während des Lebens auf der Erde als auch hier Zuhause. Eine Seele will jedoch alles einmal erfahren, und somit entscheidet sie sich im einen Leben für einen männlichen Körper und im anderen Leben für einen weiblichen Körper. Wie ich bereits sagte, hat eine Seele aber schon eine Vorliebe für ein bestimmtes Geschlecht und daher finden Seelen es manchmal schwierig, ein Leben im anderen Geschlecht zu leben. Diese Seelen fühlen sich dann nicht wohl in dem Körper für den sie sich entschieden haben und manchmal entsteht dadurch das, was sie auf der Erde Homosexualität nennen.

Dies ist also nichts Merkwürdiges, auch wenn manche Menschen das leider immer noch denken. Es ist nichts anderes, als dass sich eine Seele in dem Körper, den sie gewählt hat, nicht so wohlfühlt. Es kann auch so sein, dass eine Seele viele Leben hintereinander eine Frau gewesen ist, und sich in diesem Leben dafür entschieden hat wieder erfahren zu wollen, wie es ist ein Mann zu sein. Diese Seele hat jedoch so lange mit der weiblichen Energie gelebt, dass es für sie schwierig ist, sich an die männliche Energie anzupassen."

„Ich finde es ganz bemerkenswert und tapfer, dass mein lieber Freund Florian sich wieder dafür entscheidet, ein Leben auf der Erde zu erfahren. Aber ich verstehe, trotz der Erklärung, die ich hierfür von meiner Oma erhalten habe, ehrlich gesagt noch immer nicht so ganz, warum wir als Seelen uns immer wieder dafür entscheiden. Es ist doch hier Zuhause viel schöner?"

„Weißt Du Liebes, eine Seele möchte sich immer wieder weiter entwickeln und weiter wachsen. Natürlich geht das Zuhause auch, aber auf der Erde geht es einfach schneller. Das ist so, weil dort Dualität herrscht und daraus kannst Du als Seele viel lernen. Eine Seele geht unter Erhalt ihres freien Willens auf die Erde, also steht nichts vollkommen fest, sondern nur in groben Zügen. Dies bedeutet, dass Du als Seele alles, was Du erfahren möchtest, erfahren kannst und darfst. Schöne Dinge, aber auch weniger schöne Dinge. Aus den weniger schönen Dingen kann eine Seele oft das Meiste lernen. Sie lernt, was sie wirklich nicht mehr erfahren möchte und entscheidet sich dann ganz bewusst dafür, zu dem zurückzukehren, was sie gerade wohl erfahren möchte. Die Gegensätze sind nötig, um uns zu zeigen, was wohl Liebe ist und was keine Liebe ist, sondern Angst. Und erst dann kannst Du, aufgrund Deines freien Willens, eine Entscheidung treffen, was Du wirklich erfahren willst. Es gibt jetzt noch viele Seelen auf der Erde, die sich der Liebe verschließen und sich ihrer somit noch nicht bewusst sind und auch so leben. Aber diese Gruppe wird immer kleiner, obwohl Du das so auf den ersten Blick nicht sagen würdest. Letztendlich ist es das Ziel, dass jede Seele am Schleier des Vergessens vorbeischauen kann und ganz in Licht und Liebe aufgeht. Wenn Du als Mensch versuchst auf Deine innere Stimme zu hören, dann wirst Du immer den für Dich allerbesten Weg wählen. Tust Du das jedoch nicht, dann wirst Du einen Umweg machen, um dasselbe Ziel zu erreichen. Merke Dir eines besonders gut: Jeder Weg bringt Dich letztendlich immer nach Hause.

Alles hat auf Seelenniveau immer ein Ziel. Für eine Seele gibt es so etwas wie „leiden" nicht, dies ist wirklich etwas, was Du nur auf menschlicher Ebene erfahren kannst. Warum sich eine Seele für bestimmte Erfahrungen entscheidet, weiß nur diese Seele. Und dies hat weiter nichts damit zu tun, ob jemand, wie man sagt, ein gutes Herz hat oder nicht. Im Kern ist jeder nur Liebe und Licht. Eine Seele entscheidet sich für spezielle Lektionen und Erfahrungen, um sich selbst gerade wieder ihres wirklichen Wesens bewusst zu werden: nämlich Licht und Liebe zu sein. Jede Seele ist Teil des Universums und sie macht auf der Erde Erfahrungen, die sie selbst ausgewählt hat. Aber vor allem auch, um das Menschsein, das Fühlen, das Schmecken, das Berühren und alles andere zu genießen, was Du als Seele ohne Körper nicht kannst.

Als Seele bist Du also nur Liebe und Licht. Wenn Du in einem menschlichen Körper geboren wirst und Dein Leben auf Erden beginnst, wird dies nach und nach überdeckt durch allerlei Negativität, wie Kummer, Schmerz, Zorn, Angst und allerlei andere irdische Erfahrungen und Emotionen. Oft möchtest Du diese verbergen, weil Du tief in Deinem Innern fühlst, dass dies nicht Dein wahres Wesen ist. Du versuchst dies, indem Du Masken aufsetzt. Dann spielst Du sozusagen, dass Du Liebe und Licht bist, aber du fühlst es nicht, weil Du durch die dicke Schicht von Emotionen nicht wirklich daran kommst. Die Herausforderung besteht darin, dass Du Dich selbst von der dicken Staubschicht befreist, sodass Du wieder ganz und gar funkeln und strahlen und zeigen kannst, wer Du wirklich bist. Deine wahre Pracht als Seele wird dann wieder zum Vorschein kommen. Du erkennst Dich selbst dann vollkommen als die wunderschöne Seele, die Du in Wirklichkeit bist und dann begreifst Du, dass Du auf der Erde bist, weil Du etwas mit trägst, das würdevoll für alle Menschen ist. Dass Du gut bist, so wie Du bist. Im Kern besteht jeder aus Liebe und Licht und das Ziel auf Erden ist, Dich wieder daran zu Er-Innern, es auszustrahlen und es fließen zu lassen. Auf Seelenniveau sind wir alle Eins. Aber auf der Erde in Deinem menschlichen Körper hast Du Dich als Seele dafür entschieden, bestimmte Seelenaspekte zu beleuchten und zu entwickeln. Deshalb versteht Ihr Euch als Menschen manchmal nicht. Weil Du die Seelenaspekte, die der andere auf menschlichem Niveau beleuchten möchte, nicht begreifst, währenddessen Du diese auf Seelenniveau selbst auch hast, nur leuchten diese in diesem Leben weniger auf.

Die Herausforderung ist nun, Dir Zeit Deines Lebens auf Erden davon bewusst zu werden, dass Dein Körper nur eine Hülle ist. Er ist gewissermaßen Dein wunderbares Fortbewegungsmittel auf der Erde, womit Du alle Erfahrungen machen kannst für die Du Dich als Seele entschieden hast. Du bist also nicht Dein Körper, sondern Du hast einen Körper. Jede Seele ist einzigartig und hat ihre eigenen Bedürfnisse. Diese Bedürfnisse werden für Dich deutlich, wenn Du mit Deiner Seele in Kontakt trittst. Deine Seele wird Dir dann genau zeigen, was wohl und was nicht gut für Dich ist. Es geht darum, dass Du gut auf Deine innere Stimme hörst. Deine Seele gibt genau an, was Dich auf Seelenniveau nährt und was nicht. Alles was Dich glücklich macht, ist Nahrung für Deine Seele und alles, was sich wie ein Muss und trostlos anfühlt, ist es sicher nicht. Wenn Du etwas tust und dabei Liebe, Freude und Ruhe fühlst, ist es gut für Deine Seele. Es sind zurzeit viele Seelen auf der Erde, die darin weit fortgeschritten sind, die also bewusst leben. Aber es gibt auch noch viele Seelen bei denen der Schleier des Vergessens noch sehr dick ist. Diese Gruppe wird jedoch immer kleiner, obwohl Du das so auf den ersten Blick nicht sagen würdest. Letztendlich ist es das Ziel, dass jede Seele am Schleier des Vergessens vorbei schauen kann und ganz und gar in Licht und Liebe aufgeht. Dann ist das Ziel erreicht, nämlich Zuhause auf Erden zu kreieren.

Lieber Florian, ich möchte Dir gerne noch mit auf den Weg geben, dass Du als Mensch demnächst darauf vertrauen kannst, dass die großen Veränderungen in Deinem Leben immer gut sind. Sie dienen einem Zweck und werden Dich dorthin bringen, wofür Du Dich als Seele entschieden hast, als Du auf die Erde gegangen bist. Manchmal ändern sich bestimmte Situationen nicht, weil Du dann unbewusst einfach noch nicht so weit bist.

Du würdest vielleicht hierdurch gerade durcheinander kommen. Alles passiert immer zur rechten Zeit, am rechten Ort und auf die richtige Weise. Als Seele hast Du Dich gerade für diese bestimmte Erfahrungen entschieden, um zu wachsen. Wenn Du als Mensch nicht gemäß Deines Seelenplanes handelst, wirst Du das auf Dauer sicher merken. Zuerst fühlst Du etwas Unzufriedenheit und Unruhe. Ignorierst Du dieses Gefühl, dann wirst Du zuerst leichte Schubse vom Universum bekommen. Hörst Du darauf auch nicht, dann werden die Schubse immer etwas heftiger bis dann ein letzter großer Stoß kommt, der Dich wirklich wachrüttelt. Das kann dann beispielsweise eine Krankheit sein, ein Unglück oder der Verlust Deines Arbeitsplatzes.

Wenn Du als Mensch eine Entscheidung treffen musst, ist es klug, Dein Höheres Selbst zu bitten, Dir dabei zu helfen. Oft spielen viele Faktoren dabei mit, die Du nicht überschauen kannst. Dein Höheres Selbst wohl. Vertraue dann auf Dein Gefühl. Und ist das Ergebnis dann nicht ganz so, wie Du es erwartet hast, dann vertraue auch darauf, dass Du eigentlich nie wissen kannst, was für Dich das Beste ist. Bitte dann auch immer um das Höchste und Beste und lasse es dann los. Vertraue darauf, dass das, was dann geschieht, wirklich das Beste für Dich ist. Angenommen Du möchtest gerne einen bestimmten Job. Du setzt alles auf eine Karte, um diesen Job zu bekommen, aber es klappt leider nicht. Du hast deshalb die Nase gestrichen voll und meckerst: „Ist das nun das Höchste und Beste für mich? Na, danke!" Aber einige Wochen danach bekommst Du auf einmal ein Angebot für einen Job, der noch viel schöner und interessanter ist. Du kannst diesen direkt antreten und beginnen. Das wäre ein Stück weit schwieriger gewesen, wenn Du gerade den Vertrag für den anderen Job, den

Du so gerne haben wolltest, unterzeichnet hättest. Verinnerliche also, dass dasjenige, was Du als Mensch willst nun einmal nicht immer das Höchste und das Beste für Dich ist.

Manchmal hält Dein Höheres Selbst Informationen zurück, wenn es noch nicht an der Zeit für Dich ist, die Informationen zu empfangen. Du bist dann einfach noch nicht soweit. Das ist der Grund, dass Du auf manche Deiner Fragen keine Antwort bekommen wirst. Wenn Du Dein Höheres Selbst um etwas bittest, dann sei wohl bereit, die Antwort in jeder möglichen Form zu empfangen. Oft denken Menschen, dass sie sie auf eine bestimmte Weise empfangen werden und verpassen die Antwort, weil sie sich zu sehr darauf versteift haben. Lasse Dich überraschen. Die meisten Menschen denken, dass sie buchstäblich etwas hören müssten, wenn sie mit ihrem Höheren Selbst kommunizieren, aber meistens ist es nur mit Deinen inneren Ohren hörbar und das ist manchmal verwirrend. Du musst damit rechnen, dass die Antwort auf eine andere Art auf Dich zukommen kann. Dies kann sein in Form eines Liedes, das Du auf einmal im Radio hörst oder ein Text, den Du liest oder etwas, dass jemand zu Dir sagt. Halte deshalb immer gut Deine Augen und Ohren offen, wenn Du eine Frage gestellt hast. Wenn Du mit Deinem Höheren Selbst in Kontakt trittst, ist es sehr wichtig Vertrauen zu haben. Je mehr Du dies übst, desto besser wird es gehen und dann wirst Du merken, dass dieser Kontakt eine enorme Bereicherung für Dein alltägliches Leben auf Erden sein kann.

Wenn Du dem Weg Deiner Seele folgen möchtest, wirst Du auf Dein eigenes Herz hören müssen. Es gibt dafür einfach keine andere Methode. Vertraue auf das, was Dein Herz Dir zuflüstert,

das ist nämlich das Flüstern Deiner eigenen Seele. Dort wirst Du Deine eigene Wahrheit, Dein Licht und Deine Liebe finden. Wenn Du demnächst auf der Erde beginnst Deinem Herzen zu vertrauen, wirst Du erkennen, dass alles was Dir Freude und Erfüllung bereitet der Wille Deiner Seele ist, die über Dein Herz mit Dir spricht. Vertraue Deiner eigenen inneren Kraft und Weisheit. Du wirst Dir dann auch immer mehr bewusst werden, dass du eine Aufgabe auf Erden hast. Die schöne Aufgabe immer mehr Liebe und Licht von Zuhause in Dich selbst aufzunehmen und wieder auszustrahlen, sodass Du anderen Seelen helfen kannst, sich zu Er-Innern, wer sie wirklich sind. Und dann wirst Du wirklich wieder bei Dir selbst Zuhause ankommen. Versuche Dich dem hinzugeben und vertraue darauf, dass sie Dir von Zuhause aus mit all ihrer Liebe helfen werden. Sie stehen neben Dir und halten Deine Hand fest. Du bist demnächst nicht alleine, niemals!

Alles, was während Deines Lebens mit Dir geschieht, dafür hast du Dich auf Seelenniveau selbst entschieden. Nichts geschieht ohne Grund. Obwohl Du das mit Deinem menschlichen Verstand dann nicht begreifen kannst. Dies bedeutet, dass Du nie jemanden oder eine Situation verurteilen oder beurteilen kannst, denn Du kannst nie wissen, was auf Seelenniveau beschlossen wurde. Obwohl jemand in Deinen Augen ärgerliche und merkwürdige Dinge tut, kann dies dennoch ein Bestandteil seines Seelenplanes sein. Es geht nicht darum, was geschieht, sondern darum, wie Du damit umgehst und mit welchen Augen Du darauf schaust. Mit den Augen der Liebe und des Mitgefühls oder mit den Augen der Angst und der Abneigung. Das bedeutet, dass Du so auch einen Mörder betrachten kannst oder einen Dieb oder eine Situation,

die Du nicht so schön findest. Jedes Ereignis, also auch das tragischste und traurigste, hat ein höheres Ziel. Aber das ist auf menschlichem Niveau schwer zu begreifen.

Es ist für Dich demnächst gerade wertvoll, Licht und Liebe auch in irdischen Dingen zu sehen und zu erfahren, beispielsweise im Lachen eines Kindes oder einem schönen Sonnenuntergang. Also nicht, indem Du Dich auf das „Höhere" fokussierst, sondern vor allem indem Du es im alltäglichen siehst. Auch auf Erden ist so viel Licht und Liebe vorhanden, wenn Du es nur sehen willst. Es sind oft gerade die kleinen Dinge, die Dich glücklich machen, eine leckere Tasse heiße Schokolade oder ein Spaziergang am Strand. Genieße das Leben und folge immer Deinem Herzen, denn Dein Herz kennt Deine Seele besser als Dein Verstand. Die Erinnerungen an Zuhause liegen immer in Deinem Herzen. Du brauchst Dich nur, dafür zu öffnen und darauf zu hören. Hierbei sind Deine Augen gewissermaßen die Fenster, durch die Du als Seele die Welt ansiehst. Sorge deshalb dafür, dass diese Fenster immer so sauber und klar wie möglich sind. Dann kannst Du als Seele am besten hindurchschauen. Und weil du als Seele nur aus Licht und Liebe bestehst, schaust Du dann auch von selbst mit den Augen der Liebe auf alles um Dich herum. Merke Dir, dass Ihr alle aus der gleichen Quelle stammt und aus derselben Energie besteht, die sich in vielen unterschiedlichen Formen zeigen kann, aber im Kern seid Ihr alle gleich. Jeder repräsentiert eine andere Facette dieser Energie. In Deinem kommenden Leben hast Du Dich für bestimmte Erfahrungen entschieden, aber es kann einfach so sein, dass Du in einem vorigen oder einem folgenden Leben genau die Erfahrungen desjenigen gewählt hast, den Du vielleicht schon bald verurteilst. Als Seele möchtest Du nämlich

alles einmal erlebt haben. Versuche deshalb so wenig wie möglich zu richten. Es ist wichtig, nichts für einen anderen bestimmen zu wollen. Du kannst nämlich nie wissen, wie der Seelenplan des anderen aussieht. Also macht es ganz und gar keinen Sinn, etwas zu beurteilen oder zu verurteilen. Du kannst auf der Erde wirklich lernen, Dich selbst und andere zu lieben, gerade indem Du ihnen vergibst, anstatt sie zu verurteilen.

Gehe auch nicht zu weit, wenn Du anderen hilfst und nimm keine Bürde auf Dich, die nicht Deine eigene ist. Es ist niemals die Absicht, dass Du Dich selbst völlig aufopferst, um den anderen zu „retten" und glücklich zu machen. Und erst recht nicht mit dem Hintergedanken, dass auch Du erst dann glücklich sein kannst. Denn dann machst Du Dich völlig abhängig vom anderen. Es ist wichtig, Dein Glück und Deinen Frieden in Dir selbst zu finden und das dann auch festzuhalten, ungeachtet der Situation und des Glücks des anderen. Und das bedeutet nicht, dass Du egoistisch bist, sondern dass Du Dich einfach selbst sehr liebst. Und Du kannst erst dann einen anderen lieben, wenn Du auch Dich selbst liebst. Rette niemand anderen und entscheide Dich für Dich selbst, ohne Dich dafür schuldig zu fühlen. Du weißt nämlich nicht, warum jemand einen bestimmten Lebensweg gewählt hat und vielleicht arbeitest Du dadurch, dass Du ihn retten willst, genau gegen das an, was der andere zu lernen hat. Jeder ist für sich selbst verantwortlich. Gebe jedem die Möglichkeit, seine Lektionen zu lernen, auch wenn sie in Deinen menschlichen Augen abscheulich sind. Alles hat auf Seelenniveau immer einen Sinn. Gib anderen die Möglichkeit, diese Erfahrungen zu machen und akzeptiere, dass sie auf Seelenniveau dieses Leben gewählt haben. Jeder hat sein eigenes Leben zu leben. Du brauchst und

kannst nicht die Leben der anderen leben, lasse jeden seinen eigenen Weg gehen. Bald kommt die Seele nach ihrem Leben auf der Erde wieder nach Hause und sieht dann, dass sie die Dinge nicht lernen und erfahren konnte, die sie gerne erleben wollte, weil Du sie immer retten wolltest. Gestehe anderen Menschen zu, sie selbst zu sein. Versuche nicht, sie zu verändern oder zu heilen. Du kannst ihnen dies doch nicht aufdrängen.

Manchmal will eine Seele etwas ganz anderes als Du denken würdest. Deshalb wirst Du demnächst bemerken, dass auch nicht jeder körperlich oder geistig genesen wird, denn manchmal, wenn jemand sehr krank ist, ist es einfach für ihn an der Zeit zu gehen. Ein Körper muss an irgendetwas sterben. Oder eine Seele hat sich dafür entschieden, gerade einen bestimmten Prozess oder eine bestimmte Krankheit durchzumachen. Auf menschlichem Niveau kannst Du oft nicht begreifen, was eine Seele braucht. Jeder hat seinen eigenen einzigartigen Weg, mit den dazugehörigen Lektionen und Erfahrungen zu gehen. Wenn wir für eine Seele ein Problem lösen, wird sie es oft doch wieder neu kreieren, weil sie dann noch nicht lernen konnte, was sie auf Seelenniveau lernen wollte. Du kannst sie wohl bei diesem Prozess unterstützen, indem Du ihr bedingungslose Liebe zeigst, aber sie muss ihre Lektionen selbst lernen. Das kannst Du nicht für sie tun. Und sie wird es tun, wenn sie dazu bereit ist und in ihrer eigenen Zeit und ihrem eigenen Tempo. Respektiere deshalb jeden genauso, wie er ist. Erwarte nicht, dass jemand so ist, wie Du meinst, dass er sein soll.

Als Seele bestehst Du ganz aus Licht und Liebe. Darauf ist die Energieschwingung Deiner Seele abgestimmt. Wenn Du Dich

demnächst als Mensch mit Licht und Liebe beschäftigst, wirst Du Dich deswegen immer gut fühlen, weil diese Energie völlig übereinstimmt mit Deiner Seelenenergie. Konzentrierst Du Dich auf Angst, Wut, Depression, Kummer und so weiter, wirst Du Dich sogleich schlechter fühlen, weil diese Gedanken und Emotionen eine ganz andere Energieschwingung haben, als Du selbst als Seele hast. Da kommt dann ein Gefühl von Unbehagen auf, weil diese Energien sozusagen gegeneinander prallen. Deshalb ist es so wichtig, immer auf Dein Gefühl zu hören. Du kannst dies gewissermaßen als Dein eigenes Navigationssystem benutzen. Fühlt es sich gut an, dann folgst Du Deinem Kurs. Fühlt es sich nicht gut an, dann verändere Deinen Kurs bis es sich wohl wieder gut anfühlt. Dann befindest Du Dich wieder im Fluss Deiner eigenen Seelenenergie und alles wird viel reibungsloser und glücklicher ablaufen.

So, ich denke, dass Ihr jetzt wohl genug Lebenslektionen und Tipps gehört habt. Es wird jetzt Zeit, Dich auf Deine Rolle als geistiger Führer vorzubereiten, Isabelle", sagte Eliah. „Ich werde hierüber auch wieder das eine oder andere erzählen und wenn Ihr Fragen habt, dürft Ihr sie gerne stellen." Und er setzte seine Geschichte fort.

„Isabelle, Du wirst Florian während seines kommenden Lebens auf der Erde bei seinem persönlichen Wachstum begleiten. Es ist der Sinn, dass Du ihn begleiten, helfen und unterstützen wirst, wo immer Du kannst. Du wirst nach und nach schon merken, dass dies nicht immer die einfachste Aufgabe ist. Begleiten bedeutet wirklich nicht, dass Du als geistiger Führer alle Verantwortung übernimmst. Florian ist und bleibt immer selbst verantwortlich für seine Entscheidungen und Schöpfungen und deren Folgen. Du kannst wohl versuchen, ihn positiv zu beeinflussen und ihm zu helfen, aber er wird doch auf seine eigene Weise immer mehr entdecken müssen, wer er wirklich ist. Du hast als geistiger Führer immer über alles einen viel besseren Überblick. Das ist sehr praktisch, denn so hat er demnächst auf der Erde immer einen weisen Jemand an seiner Seite, bei dem er zu seinem Recht kommt hinsichtlich Liebe, Unterstützung und Rat. Isabelle wird demnächst einer Deiner geistigen Führer sein, Florian. Du wirst nämlich mehrere Führer haben, die Dir bei unterschiedlichen Dingen helfen können. Sie können auch zu Deiner Seelenfamilie gehören, so wie Isabelle, aber das muss nicht immer der Fall sein. Diese anderen geistigen Führer werden wir in Kürze zusammen aussuchen."

„Da gibt es etwas, was ich nun gerne wissen möchte", sagte Florian, „wie trete ich demnächst in meinem Leben auf der Erde eigentlich wieder in Kontakt mit Isabelle als meinem geistigen Führer und wie kommuniziere ich dann mit ihr?"

„Der beste Weg ist Dich in dem Moment, wo Du Kontakt mit ihr aufnehmen willst, einfach ruhig hinzusetzen, Deinen Kopf leer zu machen und sie zu bitten, dass sie zu Dir kommen möchte. Du wirst dann von selbst ein bestimmtes Gefühl haben. Beim einen ist es Wärme oder eine Welle von Liebe, der andere fühlt überall Kribbeln. Jeder erfährt dies anders. Wenn Du das Gefühl hast, mit Deinem geistigen Führer in Kontakt zu sein, dann stellst Du einfach eine Frage. Die erste Antwort, die in Dir hochkommt, ist die Deines geistigen Führers. Dies erfordert schon etwas Übung und am Anfang wird es vielleicht auch nicht gleich gelingen. Oft

denkst Du auch, dass Du Dir das alles nur einbildest und dass Du Deine eigenen Gedanken hörst. Die meisten Menschen denken, dass sie buchstäblich etwas hören müssten, wenn sie mit ihrem geistigen Führer kommunizieren, aber meist ist es nur mit den inneren Ohren hörbar und das ist manchmal verwirrend. Du musst damit rechnen, dass Dein Führer Dir auch auf andere Art und Weise eine Antwort geben kann. Das kann durch ein Lied sein, das Du auf einmal im Radio hörst oder ein Text, den Du liest oder etwas, das jemand zu Dir sagt. Halte darum immer Augen und Ohren offen, wenn Du Deinem geistigen Führer eine Frage gestellt hast.

Wenn Du mit Deinem geistigen Führer in Kontakt trittst, ist es sehr wichtig, Vertrauen zu haben. Aber je mehr Du übst, desto besser wird es gelingen und dann wirst Du merken, dass dieser Kontakt eine große Bereicherung Deines alltäglichen Lebens sein kann. Dein geistiger Führer wird Dir helfen, denn sie oder er findet es sehr schön, mit Dir zu kommunizieren. Je mehr Zeit und Energie Du in die Verbindung und Kommunikation mit Deinem Führer investierst, desto mehr Vertrauen wirst Du in Dich selbst und ihn bekommen. Aber eins ist doch noch sehr wichtig zu wissen: Ein geistiger Führer darf niemals etwas tun, ohne dass Du ihn darum gebeten hast, ob dies nun bewusst oder unbewusst geschieht. Mit Ausnahme bestimmter Notsituationen. Er kann schon bestimmte Zeichen geben, die Dir helfen können, aber Du musst dann wohl dafür offen sein, sie zu sehen und zu erkennen. Dies hat alles mit Deinem freien Willen zu tun. Du musst also gut behalten, dass Du selbst Deinen geistigen Führer um Hilfe bitten musst. Aber das ist nicht immer ganz einfach, denn gerade wenn Du sehr traurig oder ängstlich bist, vergisst Du das oft. Du denkst einfach nicht daran. Das kommt, weil Du in dem Moment eben wieder vergisst, wer Du wirklich bist und wo Du eigentlich herkommst. Du konzentrierst Dich dann ganz und gar auf das Menschsein und all die Traurigkeit und das Elend, das Du in dem Moment fühlst. Versuche darum demnächst, Dich jeden Moment Deines Lebens daran zu erinnern, wer Du wirklich bist und zu realisieren, dass Du niemals alleine bist. Es ist immer Hilfe um Dich herum, obwohl Du das in dem Augenblick gar nicht wahrnimmst. Es ist eine Frage des Vertrauenhabens und -behaltens. Hierdurch wächst Dein Bewusstsein und dann wirst Du bemerken, dass es immer einfacher geht. Du bist dann auch offener für die Hilfe. Oft helfen Dir Deine geistigen Führer dann, Dich daran zu erinnern, dass Du um Hilfe bitten kannst und darfst. Dies geschieht auf viele Arten, beispielsweise durch eine leichte Berührung, wodurch Du die Energie und die Liebe Deines geistigen Führers fühlen kannst.

Es kann auch vorkommen, dass Du keine Information von Deinem Führer bekommst, obwohl Du hierum deutlich gebeten hast. Meist ist es dann zu Deinem eigenen Besten, diese nicht zu erhalten. Vielleicht kann es Dich in dem Moment in Deiner Entwicklung behindern. Möglicherweise geht es um eine sehr wichtige Situation in Deinem Leben, die Du selbst lösen musst, ohne dass Deine geistigen Führer Dir direkt helfen. Der Kontakt mit Deinem Führer kommt immer zur für Dich rechten Zeit zustande und die ist wiederum für jeden anders."

„Ich hab doch auch noch eben eine Frage", sagte Isabelle, „kannst Du mir erklären, was Engel und die Aufgestiegenen Meister sind? Ich bemerke hier Zuhause, dass dies schon ganz besondere Seelen

sind, aber ich verstehe das noch nicht so ganz. Ist es so, dass diese auch als geistige Führer für eine Seele auf der Erde fungieren können?"

„Ein wesentlicher Unterschied zwischen beiden ist, dass Engel niemals auf der Erde gelebt haben, aber die Aufgestiegenen Meister wohl. Obendrein haben Engel ein höheres Bewusstseins Niveau als die Aufgestiegenen Meister, sie stehen sozusagen der Quelle, Gott oder wie immer Du es nennen möchtest noch näher. Die Aufgestiegenen Meister haben den Inkarnationszyklus schon vollständig durchlaufen und haben danach auch Zuhause schon ein ganzes Teilstück ihres Weges zurückgelegt. Sie sind so in ihrem Bewusstsein und ihrer Liebe gewachsen, dass sie nicht mehr zu inkarnieren brauchen. Sie sind sozusagen erleuchtet. Sie fühlen sich jedoch noch sehr eng mit allen Seelen verbunden, die auf der Erde leben und helfen ihnen auf ihre Weise, wo sie nur können. Die Aufgestiegenen Meister und die Engel befinden sich immer in der Nähe der Menschen auf der Erde, sind aber meistens unsichtbar. Es sind hochentwickelte Seelen, die jedem auf der Erde helfen wollen zu wachsen. Auch sie kannst Du immer um Hilfe und Rat bitten, genau wie Deine geistigen Führer."

„Ich habe noch eine letzte Frage", sagte Florian. „Kannst Du mir noch einmal erklären, wie das demnächst mit meinem Höheren Selbst geht, wenn ich wieder auf der Erde bin?"

„Wenn Du als Seele auf die Erde gehst, bekommst Du es mit folgendem zu tun: Deine Seelenenergie ist so groß, dass diese niemals ganz in einen menschlichen Körper hineinpasst. Ein Teil davon bleibt daher hier Zuhause. Aber Du kannst schon jederzeit damit in Kontakt treten und es um Rat fragen. Dieser Teil wird das Höhere Selbst genannt. Du kannst es mit Deiner inneren Stimme oder Deiner Intuition vergleichen. Als Mensch solltest Du versuchen, so oft wie möglich darauf zu hören. Dein Höheres Selbst hat nämlich einen viel größeren Überblick, weil es alles von Zuhause aus betrachten kann. Aber letztendlich entscheidest immer Du selbst, ob Du auf Dein Höheres Selbst hören willst oder nicht. Du behältst nämlich immer Deinen freien Willen. Ich werde versuchen, es Dir an einem Beispiel zu erklären. Du kannst Dir vorstellen, dass Du als Mensch in einem Doppeldecker sitzt. Du sitzt unten drin am Steuer und Dein Höheres Selbst steht oben auf dem Deck. Das Höhere Selbst hat somit einen viel besseren Überblick über den Weg, nicht wahr? So kann es Dir auch deutliche Anweisungen geben, welche Richtung Du am besten nehmen kannst. Du kannst nun darauf hören, aber Du kannst auch „eigensinnig" sein und genau in die andere Richtung steuern. Du kannst das entscheiden, weil Du am Steuer sitzt. Aber es ist nicht so schlimm, wenn Du dann und wann einen anderen Weg einschlägst, denn schließlich kommst Du doch immer auf den Hauptweg zurück. Du machst nur einen Umweg und es dauert einfach etwas länger, bevor Du das für Dich richtige Ziel erreichst. Aber das ist dann sicher keine verlorene Zeit, denn aus jeder Erfahrung kannst Du etwas lernen und dadurch wachsen. Versuche demnächst, während Deines Lebens auf der Erde, möglichst viel mit Deinem Höheren Selbst in Kontakt zu bleiben, dies kann Dir bei allen Erfahrungen, die Du dort machen willst, sehr helfen. Ist es jetzt ein bisschen verständlicher für Dich?"

„Ja, total", antwortete Florian glücklich. „Ich habe echt Lust, mein

neues Leben zu beginnen, und ich bin Dir unheimlich dankbar für all diese weisen Lebenslektionen und Tipps. Ich hoffe, dass ich mich nachher noch an etwas davon erinnern kann."

„Das wird nicht immer so ganz einfach sein", warnte Eliah ihn. „Aber deswegen ist es so schön, dass Isabelle auch hierbei sein wollte. Sie kann Dir dann so oft wie möglich von Zuhause aus helfen und Dich begleiten, vorausgesetzt, Du bist dafür offen."

„Ich werde sicher mein Bestes geben und ich bin so glücklich, dass Du in meinem kommenden Leben mein geistiger Führer sein willst, liebe Isabelle. Ich habe völliges Vertrauen darin, dass wir zusammen was Schönes daraus machen werden." Florian stand auf und umarmte Isabelle liebevoll. Sie fühlte seine Liebe zu sich fließen und fühlte sich immens mit ihm verbunden. Eliah war auch aufgestanden, um sie beide zu drücken und sagte: „Ich bin davon überzeugt, dass es Euch gelingen wird und wünsche Euch ganz viel Erfolg, aber vor allem auch Vergnügen. Denk daran, dass es um ein Spiel geht, dass Du auf der Erde spielen wirst und nimm das alles nicht zu ernst." Isabelle und Florian nahmen Abschied von ihm und gingen zusammen wieder zurück durch den Wald. Als sie am Rand des Waldes angekommen waren, nahmen auch sie Abschied voneinander, um jeder wieder seinem eigenen Weg zu folgen. Isabelle wusste, sie würde es von selbst fühlen, wenn es soweit wäre, dass Florian sie brauchen würde und ruhig ging sie wieder zurück zu ihrem eigenen schönen Häuschen, welches sie selbst so liebevoll für sich kreiert hatte. Es gab vieles, worüber sie nachdenken wollte....

In der darauf folgenden Periode war Florian eifrig mit den

Vorbereitungen für sein neues Leben auf der Erde beschäftigt. Er war schon einige Male an dem Ort gewesen, wo er mit anderen Seelen seine Lebensverträge geschlossen hatte und Isabelle hatte ihn oft dabei begleitet. Sie fand es ganz einzigartig, dies alles jetzt einmal aus Sicht ihrer Rolle als zukünftiger geistiger Führer heraus betrachtet, zu erleben. Das war noch mal ganz anders, als wenn Du als Seele selbst wieder auf die Erde gehst. Sie wusste, dass Florian selbst ganz bewusst seine Entscheidungen darüber traf, wie sein Leben auf der Erde demnächst aussehen sollte, aber sie fühlte sich doch auf die eine oder andere Weise auch ein bisschen verantwortlich dafür. Sie fand es spannend und hoffte, dass sie ihre Aufgabe gut erfüllen können und ihren lieben Freund nicht enttäuschen würde.

Eines Tages saß sie in ihrem Gärtchen und genoss die herrlichen Blumen, als sie sah, wie Florian mit einem Schmunzeln auf den Lippen auf sie zugelaufen kam. „Es ist so weit", sagte er ganz aufgeregt, „es ist Zeit für mich, auf die Erde zu gehen." Isabelle stand schnell auf und zusammen gingen sie an den Ort, wo Florian vorläufig Abschied von all seinen Freunden Zuhause nehmen würde. Es war unheimlich viel los. Jeder war gekommen, um ihm nachzuwinken. Auch Eliah war da und sprach noch ein paar schöne Worte zu ihm. Dann war der Moment für Florian da, wirklich zu gehen. Isabelle umarmte ihn liebevoll und sagte: „Mein Lieber, ich wünsche Dir ganz viel Erfolg und Vergnügen und ich hoffe, dass wir zusammen eine schöne Zeit daraus machen werden. Du weißt, dass Du nur an mich zu denken brauchst und ich werde da sein. Vergiss nicht, was Eliah uns alles erzählt hat." Sie fand es spannend und hoffte, dass sie ihre Aufgabe gut erfüllen können und ihren lieben Freund nicht enttäuschen würde. „Das

werde ich auf jeden Fall versuchen", antwortete Florian ihr. „Ich bin Dir unheimlich dankbar, dass Du mein geistiger Führer sein wirst. Bis bald!" In der Ferne sah Isabelle eine liebevolle Gestalt stehen, die ihn zu sich heranwinkte und langsam begann Florian in ihre Richtung zu gehen. Sie sah wie diese ihre Hand nach ihm ausstreckte und Florian ergriff sie voller Vertrauen. Sie liefen zusammen auf ein wunderschönes Licht zu und wie von selbst verschwanden sie beide in dem Licht. Auf dem Weg in ein neues Abenteuer....

Isabelle fand es ganz schön und besonders, dass sie in der darauf folgenden Periode oft sehr nah bei Florian sein durfte. Sie besuchte ihn regelmäßig und anfangs war er sich ihrer Anwesenheit auch sehr bewusst. Aber als er ungefähr drei Jahre alt war, schenkte er ihr stets weniger Aufmerksamkeit. Er ging so auf in seinem Leben auf der Erde, dass seine Erinnerung an Zuhause und an sie als geistigen Führer nach und nach mehr verblasste. Am Anfang fand sie dies schade, aber dann dachte sie wieder an das, was Eliah ihr darüber erzählt hatte: das dies ganz normal für eine Seele in einem menschlichen Körper wäre. Am Anfang erinnern sie sich schon noch an Zuhause, aber je länger sie auf der Erde sind, desto mehr verschwimmt dies. Sie legen sozusagen eine Schleier des Vergessens vor die Augen. Dies war einfach ein Teil des Spiels und die Herausforderung für die Seelen bestand dann auch darin, wenn sie etwas länger auf der Erde waren, sich wieder immer mehr an Zuhause zu erinnern und dies auch in ihrem Leben zu nutzen.

Und so geschah es auch. Je älter Florian wurde, desto stärker wurde sein Verlangen zu erfahren, wer er nun wirklich war und wo er eigentlich herkam. Er begann sich mehr und mehr, für Spiritualität zu interessieren. Er las viele Bücher darüber und absolvierte viele Kurse, darunter ein Kursus zu dem Thema wie man mit seinem geistigen Führer in Kontakt treten kann. Eines Tages beschloss er, dies zu üben. Er setzte sich ruhig hin, machte seinen Kopf frei und fragte, ob sein geistiger Führer zu ihm kommen wollte. Isabelle freute sich riesig, dass es nun endlich soweit war, dass sie wieder Kontakt zu ihm haben konnte und umarmte ihn liebevoll. Florian fühlte eine warme Welle von Liebe durch sich hindurchfließen und sein ganzer Körper begann zu kribbeln, aber er sah weiter nichts. „Wer bist Du", fragte er dann und Isabelle flüsterte in sein Ohr: „Ich bin es, Isabelle, kennst Du mich noch?"

Florian fing ihre Worte in seinem Kopf auf und bekam plötzlich eine Art Flashback. Er sah sich selbst zusammen mit noch zwei weiteren Seelen auf einer Lichtung in einem prächtigen Wald. Auch sah er, wie eine dieser Seelen dem zustimmte, während seines Lebens auf der Erde sein geistiger Führer sein zu wollen und ihr Name war Isabelle. Isabelle sah und fühlte, dass er sich wieder daran erinnerte und sie wurde ganz enthusiastisch. Nun würde sie mit ihm zusammen daran arbeiten können, sein Leben auf der Erde noch freudenerfüllter zu machen. Sie erklärte ihm, daß er jederzeit mit ihr in Kontakt treten könnte, alleine dadurch, dass er an sie denke und dass sie ihn bestmöglich begleiten würde. Aber auch, dass sie nicht alles für ihn auflösen dürfe, dass er selbst die Regie in seinen Händen behalten müsse. Florian war sehr überrascht, aber auch sehr dankbar, dass es für ihn scheinbar so einfach war, mit seinem geistigen Führer in Kontakt zu treten und er nahm sich vor, dies so oft wie möglich zu tun, wenn er

dachte, daß ihm dies helfen könnte. Er sah sie dann zwar nicht, aber fühlte ihre Anwesenheit desto mehr.

So begleitete Isabelle ihn durch den Rest seines Lebens. Das eine Mal war der Kontakt stärker als das andere Mal, aber sie genoss es sehr, auf diese Art und Weise doch mit der Erde und all dem, was sich dort abspielte, verbunden zu sein. Es war für sie als Seele auch eine enorme Bereicherung und sie selbst wuchs hierdurch auch in ihrem Bewusstsein und sie erkannte, dass, wenn Du als jemandes geistiger Führer fungierst, du dies nicht nur für die Seele tust, sondern auch für Dich selbst. Es war alles sehr spannend und lehrreich für sie. Als das Ende seines Lebens nahte und der Moment da war, dass Florian wieder nach Hause zurückkehren wird, wartete sie schon auf ihn. Sie half ihm dabei, in aller Liebe und Ruhe seinen Körper verlassen zu können und wies ihn auf das Licht und den Tunnel hin, genauso wie Oma es bei ihr getan hatte. Nachdem er den Übertritt gemacht hatte, sahen sie sich während seines Willkommen-Zuhause-Festes wieder. Sie flogen einander in die Arme und waren außer sich vor Freude über die schönen und besonderen Erlebnisse, die sie zusammen auf der Erde gehabt hatten. Florian dankte ihr mit Tränen in den Augen, dass sie einer seiner geistigen Führer gewesen war und in diesem Moment sprachen sie miteinander ab, dass, wenn Isabelle sich wieder für ein nächstes Leben entscheiden würde, er dies auch wieder für sie tun würde. Dann würde er wiederrum ihr geistiger Führer werden und ihr auf dieselbe liebevolle Art helfen und sie während dieses Lebens begleiten. Aber vorläufig war Isabelle noch nicht so weit, wieder als Mensch auf die Erde zu gehen. Sie genoss jetzt noch vollauf ihr Leben Zuhause und zusammen mit Florian ging sie wieder zu der großen Gruppe von Seelen, die zusammen gekommen war, um voller Freude seine Rückkehr nach Hause zu feiern.....

Dankbarkeit ist der
Schlüssel zum Glück.

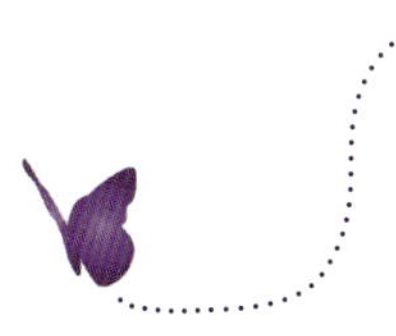

Dankeswort

Ich möchte wiederum gerne meinem lieben und treuen geistigen Führer Charion für seine bedingungslose Liebe, Unterstützung und Geduld mit mir danken. Ich danke Dir für all Deine Hilfe beim Schreiben auch dieses Buches und für die Inspiration und die Antworten, die ich von Dir empfangen durfte. Es ist herrlich zu wissen, dass Du immer bei mir bist, und dass Du mir hilfst, all meine Erinnerungen an Zuhause so gut wie möglich in Worte zu fassen. Natürlich auch ein großes Dankeschön an meinen lieben Mann Maurice und meine tollen Söhne Koen und Tom. Dankeschön für Euer Vertrauen in mich und schön, dass Ihr mich immer so unterstützt und ermutigt habt, weiter zu machen mit dem Schreiben. Ich bin Glück-Selig mit Euch!

Ebenfalls möchte ich Jo-Ann Snel von Boekenbent für ihre Hilfe bei der Gestaltung dieses Buches danken. Es ist sehr schön hierfür jemanden zu haben, der mit dir auf der gleichen Wellenlänge ist und genau weiß, was du meinst. Ich möchte auch sehr gerne Inge, Anelan und Alke von ganzem Herzen für das Übersetzen dieses Buches danken. Ich hatte vollstes Vertrauen, dass Ihr das Gefühl

und die Liebe hinter den Worten würdet erhalten können, und das habt Ihr mehr als gut gemacht!

Zum Schluss möchte ich allen lieben Lesern danken, die auf meine früheren Bücher reagiert haben. Aufgrund Ihrer vielen, besonderen und oft berührenden Reaktionen habe ich mir zugetraut, erneut ein Buch zu schreiben. Ich hoffe, dass auch dieses Buch Sie inspirieren und Ihnen helfen wird, sich wieder zu Er-Innern, wer Sie wirklich sind.

In Liebe und Licht,

Marie-Claire

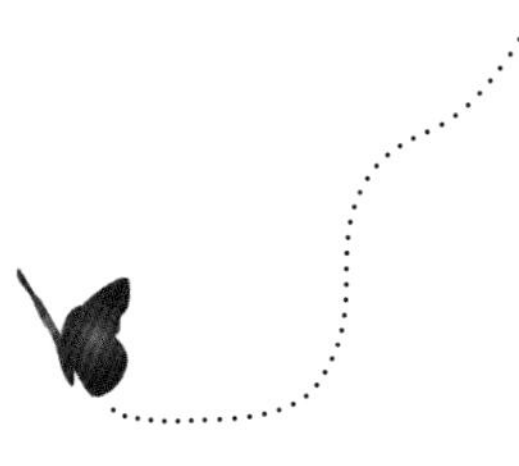

Übung

Dein Körper ist Dein wunderbares Fortbewegungsmittel hier auf der Erde. Du kannst es auch vergleichen mit einem Raumanzug. Diesen Anzug brauchst Du, um Dich im Weltraum oder auf anderen Planeten aufhalten zu können und er ist deshalb sehr wesentlich. Ebenso verhält es sich mit dem menschlichen Körper. Er ist sozusagen der Raumanzug der Seele. Als Seele brauchst Du den Körper, um in der schwereren und gröberen Energie der Erde sein zu können. Und wenn Deine Aufgabe erledigt ist und Du alles erfahren hast, was Du erfahren wolltest, dann ist es an der Zeit, Deinen Raumanzug auszuziehen und die Reise zurück nach Hause anzutreten.

Versuche mal Dir vorzustellen, dass Du jetzt einen Raumanzug inklusive dem Helm anziehst und in den Spiegel schaust. Du siehst dann nur den Raumanzug mit dem Helm, aber Du fühlst und weißt zugleich auch, dass DU in dem Raumanzug steckst und dass Du nicht der Raumanzug bist.

Jetzt probiere mal Dir vorzustellen, dass Du als Seele einen

Körper „angezogen" hast und dass Du nun in den Spiegel schaust. Als Seele weißt Du auch, dass Du nicht der Körper bist, aber dass DU (als Seele) darin steckst, Dein *Wahres Selbst*. Und nimm jetzt wahr, dass dies auch Dein echter Kern ist, der übrig bleibt, wenn Du diesen Körper verlässt, genauso wie in diesem Leben Dein Körper übrig bleibt, wenn Du tatsächlich den Raumanzug ablegen würdest. Dies ist eine einfache Art und Weise, es Dir vielleicht ein wenig begreiflicher zu machen.

Versuche die kommende Zeit, immer wenn Du in den Spiegel siehst, an Deinem Körper vorbeizuschauen und zu fühlen und zu erfahren, dass Du als Seele in diesem Körper steckst. Schau Dir selbst tief in die Augen und versuche mal auf diese Weise nach innen zu sehen. Deine Augen sind nämlich gewissermaßen die Fenster durch die Du als Seele die Welt betrachtest. Deshalb ist es auch sehr wichtig, dass Du diese gut sauber und klar hältst, denn dann kannst Du als Seele am besten durch sie hindurchsehen. Dies tust Du, indem Du mit den Augen der Liebe schaust und so Deinen Blick nicht trübst. Angst macht diese Fenster schmutzig, fettig und verschwommen und Liebe poliert sie wieder schön, klar und glänzend. Eine Art von Glasreiniger :-).

Du kannst Deinen Körper auch als Deinen Tempel ansehen und der Zweck ist, dass Du diesen immer ganz mit Deiner eigenen Seelenenergie auffüllst. Es ist nicht das Ziel, dass die Energie eines anderen hier eindringt. Dies fühlt sich auch nie gut an. Deine Aura ist sozusagen Dein Garten und dort kann schon ein Energieaustausch stattfinden. Aber es ist wesentlich zu begreifen, dass, wenn Du danach wieder alleine bist, der Garten auch wieder Dir ganz alleine gehört ohne die Energie eines anderen. Du zupfst dann gewissermaßen das Unkraut wieder raus. So bleibst Du immer in Deiner eigenen Kraft!

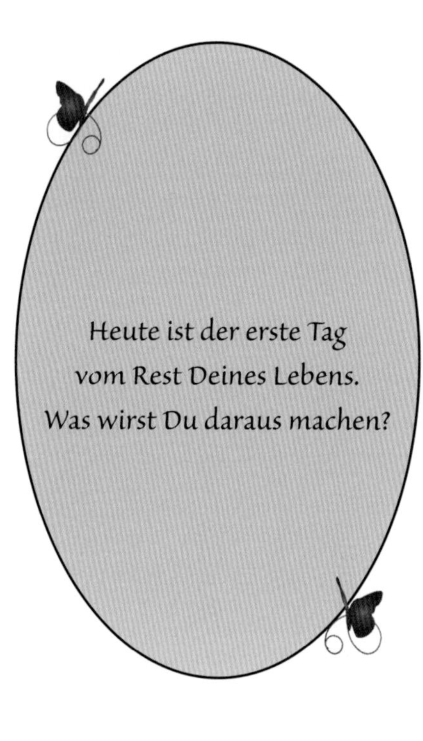
Heute ist der erste Tag
vom Rest Deines Lebens.
Was wirst Du daraus machen?

Anlagen

Mehr Information über Marie-Claire

Marie-Claire van der Bruggen (1969) ist die niederländische Autorin der fünf Bestseller: Das Märchen vom Tod, GlückSelig, Licht & Liebe, Die Rückkehr nach Hause und Besuch im Himmel. Sie folgte einer zweijährigen Ausbildung in Sterbebegleitung und durfte ganz vielen Menschen helfen mit dem betritt nach Hause.

Sie war sich als Kind schon einer Welt bewußt, die andere nicht wahrnehmen konnten und in der sie sich außerordentlich wohlfühlte. Hier auf der Erde fühlte sie sich nicht sehr zuhause und hatte oft eine seltsame Art von Heimweh nach etwas, das sie nicht gut in Worte fassen konnte. Langsam, aber sicher fand sie nach langer Suche und mit Hilfe ihres geistigen Führers Charion Antwort auf viele ihrer Lebensfragen.

Es ist ihr Wunsch, mit ihren Erfahrungen Menschen zu inspirieren, sich zu Er-Innern, wer sie wirklich sind und wo sie eigentlich herkommen. Daß sie mehr sind als nur ein Körper. Auch findet sie es wichtig, die Angst rund um den Tod und das Sterben wegzunehmen. Sie hofft, dies zu realisieren durch ihre Bücher, Kurse und Workshops. Mit groβer Freude gibt sie auch Vorträge im In- und Ausland.

Mehr Information über Marie-Claire, ihre Aktivitäten und Bücher findest Du auf gluckselig.nl.

E-Kursus Er-Innern

Persönliche und Intuitive Entwicklung

Dieser Kursus besteht aus zehn inspirierenden Lektionen und basiert auch auf dem Buch *GlückSelig*. Diese Lektionen bekommst Du nach und nach über E-Mail zugeschickt. Zu jedem Thema gibt es eine geleitete Meditation, die durch mich selbst gesprochen ist. Neben einigen Basiskenntnissen wird der Kursus größtenteils gehen über das Er-Innern, wer Du wirklich bist und wo Du eigentlich herkommst.

Die Lektionen aus diesem Kursus sind eine Vertiefung der Themen aus all meinen Büchern. Es ist also kein Standardkursus intuitiver Entwicklung. Es geht ein Stück tiefer. Du bearbeitest wirklich Deine eigenen Themen. Das wird Dein Vertrauen in das Leben stärken und Dir weiterhelfen bei Deiner eigenen persönlichen Entwicklung.

Der E-Kursus besteht aus folgenden zehn Lektionen:

1. Er-Innern, wer Du wirklich bist
2. Im Hier-und-Jetzt sein
3. Passion und Inspiration
4. Kontakt mit Deinem geistigen Führer
5. Wählen zwischen Angst und Liebe
6. Die Kraft der Gedanken
7. Loslassen und Vertrauen
8. Dankbarkeit
9. Die Heimkehr nach Hause
10. Feier Dein Leben!

Mehr Informationen hierüber findest Du auf gluckselig.nl.

E-Kursus Spirituelle Sterbebegleitung

- Von Seele zu Seele -

Das Sterben ist eine der wichtigsten Phasen des Lebens. In dem Moment, wenn ein Mensch erfährt, dass er sterben wird, ist plötzlich nichts mehr, wie es war. Nicht nur geistig und körperlich, sondern sicher auch auf Seelenniveau. Was geschieht eigentlich auf Seelenniveau während des Sterbeprozesses und was ist wichtig, hierbei zu tun oder auch zu lassen, betrachtet aus Sicht der Seele.

Der rote Faden dieses E-Kursusses ist meine Überzeugung, dass wir mehr als nur ein Körper sind. Ich möchte den Menschen gerne dabei helfen, sich daran zu Er-innern, wer sie wirklich sind. Dass der Tod nicht das Ende ist, sondern eine Rückkehr dorthin, wo wir eigentlich herkommen. Mir ist es vor allem sehr wichtig, zu versuchen einen Großteil der Angst vor dem Sterben und dem Tod zu nehmen. Mit diesem Kursus möchte ich gerne mein Wissen weitergeben und anderen zeigen, wie sie Sterbende auf Seelenniveau auf eine angenehme und würdevolle Art und Weise beim Übertritt nach Hause begleiten können.

Der Kursus besteht aus zehn Lektionen. Diese Lektionen bekommen Sie als E-Mail zugesandt. Zu jeder Lektion gibt es auch eine geführte Meditation oder einen kleinen informativen Film. Sie können zu jeder Zeit beginnen.

Mehr Informationen hierüber findest Du auf gluckselig.nl.

Andere Bücher von Marie-Claire

Das Märchen vom Tod ist die inspirierende Geschichte einer kleinen Seele, die sich zum allerersten Mal auf die Reise zur Erde macht. In dem Buch wird beschrieben, welche Vorbereitungen dafür getroffen werden müssen und wie es für eine Seele ist, in einem menschlichen Körper geboren zu werden; wie das Leben auf der Erde durch die Augen einer Seele erfahren wird und schließlich wie eine Seele den Tod erlebt beziehungsweise die Rückkehr nach Hause.

Das alles wird auf klare und einfache Art erzählt. Die kleine Seele nimmt Dich mit auf ihr großes Abenteuer. Es ist eine wundersame Reise, durch die Du vielleicht wieder entdeckst, wer Du wirklich bist und woher Du eigentlich kommst. Und auch, daß Du keine Angst vor dem Tod haben mußt. Es ist eigentlich ein Märchen …

Von diesem Buch wurden inzwischen schon mehr als 100.000 Exemplare verkauft. Das Buch wurde auch ins Englische und Deutsche übersetzt.

In ihrem Buch *Besuch im Himmel* lässt Marie-Claire van der Bruggen die letzten Lebenstage ihres Vaters noch einmal aufleben.

Im Moment des Todes ihres Vaters bildet sich eine Brücke zwischen dieser und der anderen Welt, die sie in die Lage versetzt, den Übergang als ein berührendes und dankbares Erlebnis zu erfahren.

Nach einiger Zeit kommen Marie-Claire und ihr Vater wieder miteinander in Kontakt. In einer Reihe von Gesprächen, die sich zwischen ihnen entfalten, bekommen wir mehr Deutlichkeit über alles, was während unseres Sterbens mit uns geschieht und wie es nach unserem Tod für uns weitergeht.

In dem Buch *GlückSelig* erkennt die Ich-Figur, dass sie ihr Leben hier auf der Erde nicht wirklich genießen kann und das widerstrebt ihr stets mehr. Vor allem, weil sie das Gefühl hat, mehr zu sein als nur ein Körper. Langsam, aber sicher kommt die Erinnerung nach oben, wer sie wirklich ist und wo sie eigentlich herkommt. Diese Erkenntnis verursacht Heimweh und macht das Leben auf der Erde noch schwieriger. Die Ich-Figur macht einen langen Spaziergang um einen Waldsee und trifft dabei eine Anzahl von Wesen - Engel und geistige Führer -, die ihr Stück für Stück Ratschläge geben, wie sie ihr Leben auf der Erde glücklicher und angenehmer gestalten kann bis zu dem Moment, in dem sie wieder ihren Weg nach Hause antritt.

Das sind weise Lektionen. Nicht nur für die Ich-Figur, sondern für jeden, der auf derselben Suche ist und sich mit denselben Fragen auseinandersetzt. Wenn Du danach strebst, die Ratschläge in die Praxis umzusetzen, dann kannst Du das höchste Ziel auf Erden erreichen: GlückSelig zu sein. Dann kreierst Du Zuhause auf Erden. Denn es gibt nur einen Menschen hier auf der Erde, der für Dein Glück verantwortlich ist, und das bist Du selbst. *GlückSelig* ermöglicht anhand einer Vielzahl von Schlüsselbegriffen eine ganz andere Betrachtungsweise von Leben, Sterben und Tod. Es ist ein trostreiches Buch mit weisen Lektionen für das eigene Glück.

Licht & Liebe findest Du überall. In Dir und um Dich herum. Manchmal ist es schwierig, sie zu sehen und zu erfahren, aber sie sind immer da.

Dieses Buch von Marie-Claire van der Bruggen wird Dein Leben bereichern. Es hilft Dir, Dich an das zu Er-Innern, was Du tief im Innern schon weißt, aber vergessen hast. Denn alles, was Du in diesem Buch liest, weißt Du auf Seelenniveau tatsächlich alles schon. Darin stehen wunderbare Weisheiten für jeden, der auf der Suche ist nach einem erfüllten und glücklichen Leben. Du wirst während des Lesens oft ein Gefühl des Wiedererkennens erfahren. Das ist dann Dein eigenes Inneres Wissen, das erwacht, und das kann Dir ganz viel Freude und ein Glücksgefühl geben. Es wird Dich als Seele wachsen lassen und Dir helfen, zu Dir selbst nach Hause zu kommen.

Das Sterben ist einer der wichtigsten Phasen im Leben. In dem Moment, in dem jemand erfährt, dass er sterben wird, ändert sich plötzlich alles. Nicht nur körperlich und geistig, sondern sicherlich auch auf seelischer Ebene. Aber was passiert eigentlich während des Sterbeprozesses und danach? Und was ist wichtig, dabei zu tun, aber ebenso zu lassen, aus der Perspektive der Seele.

Der rote Faden in diesem Buch *Spirituelle Sterbebegeleitung* ist meine Überzeugung, dass wir sind als nur ein Körper. Ich möchte den Menschen helfen, sich daran zu erinnern, wer sie wirklich sind, dass der Tod nicht das Ende ist, sondern eine Rückkehr dorthin, wo wir eigentlich herkommen. Ich halte es für besonders wichtig, zu versuchen, so viel Angst wie möglich vor dem Sterben und dem Tod zu nehmen, und auch anderen beizubringen, Sterbende auf der Seelenebene auf schöne und wertvolle Weise mit dem Übergang nach Hause zu begleiten.

Dieses Buch richtet sich an alle, die mehr über spirituelle Sterbebegleitung, den Sterbeprozess und das, was nach dem Tod geschieht, erfahren möchten. Aber eigentlich ist es wichtige Information für jeden, denn früher oder später wird jeder Mensch mit dem Sterben von anderen und schließlich auch mit seinem eigenen Sterben konfrontiert sein…

Zu den behandelten Themen gehören unter anderem: Was braucht ein Sterbender, was passiert auf der Seelenebene wenn wir sterben und danach, Kinder und Tod, unterstützende Ressourcen, Kommunikation und einfühlsames Zuhören, Abschiedsrituale, palliative Sedierung, Euthanasie, die letzte Pflege und Trauer.

Ich hoffe, dass dieses Buch Ihnen hilft, liebevoll von Seele zu Seele mit Sterben und dem Tod umzugehen!

GLUCKSELIG.NL